婚 姻 艺 术

程章才 著

江西科学技术出版社

图书在版编目（CIP）数据

婚姻艺术 / 程章才著. -- 南昌 ：江西科学技术出版社, 2023.4
ISBN 978-7-5390-8535-7

Ⅰ. ①婚… Ⅱ. ①程… Ⅲ. ①婚姻－通俗读物 Ⅳ. ①C913.13-49

中国国家版本馆 CIP 数据核字(2023)第 041246 号

国际互联网（Internet）地址：
http://www.jxkjcbs.com
选题序号：KX2023068

婚姻艺术　　程章才　著
HUNYIN YISHU

出版发行	江西科学技术出版社
社址	南昌市蓼洲街 2 号附 1 号 邮编：330009　电话：(0791) 86624275　86610326(传真)
印刷	三河市华东印刷有限公司
经销	各地新华书店
开本	710mm×1000mm　1/16
字数	185 千字
印张	12.25
版次	2023 年 4 月第 1 版
印次	2023 年 4 月第 1 次印刷
书号	ISBN 978-7-5390-8535-7
定价	69.80 元

赣版权登字-03-2023-74

前 言

有人曾用幽默的方式描绘婚姻的真谛："相互研究三周，相爱三个月，吵架三年，相互忍耐三十年。"这句话恰如其分地呈现了婚姻中的现实问题。

人们常常用比喻来形容婚姻：有人说婚姻就像一条河，我们在还没有探究其内幕之前，就不得不投身其中，靠着摸石头的方式过河；有人说婚姻就像一道风景，虽然美丽但长久观赏也会变得单调无味，缺乏新意；还有人说婚姻就像一首歌，其中的"玫瑰"只是小插曲，"菜篮子"和"米袋子"才是主旋律……随着生活节奏的加快和社会压力的增大，再加上我们处在一个文化多元的时代，人们对婚姻的看法也发生了重大的变化。由此，家庭这个社会细胞也遭受了不小的冲击，婚姻脆弱化已成为不争的事实。然而，深入探究婚姻脆弱化的原因，发现它并非都是因为夫妻之间缺乏感情，更多的原因是缺乏婚姻经营的技巧和艺术。

常言道："相爱容易，相处难。"婚姻关系是最为复杂的人际关系之一。对于没有血缘关系的两个人来说，要一起幸福地生活一辈子，仅仅依靠爱情是远远不够的。此时，还需要智慧和经营能力，才能成功地经营婚姻关系。任何人的婚姻生活都不可能一帆风顺。每个人都是在吵吵闹闹、磕磕绊绊中走过来的。婚姻是生活的重要组成部分，建立在爱的基础上。因此，要想让婚姻更加稳固，我们必须拥有恒久忍耐的爱，并相互欣赏对方。在婚姻中，爱情变得朴素和平淡是不可避免的，有时还会带有几分苦涩。如果你仅凭着年轻时的激情冲动和初恋时的浪漫情怀来经营婚姻，那么婚姻不仅会让你失望，还会以疲惫和消亡的方式向你表示反对。

因此，只有怀着责任和义务走进婚姻，婚姻才会展现出无限魅力。只有学会经营婚姻，掌握婚姻的艺术，你才能在婚姻里找到真正的快乐。

目　录

第一章　进入婚姻，你准备好了吗 1
第一节　婚姻是什么 1
第二节　婚姻是一种功能 6
第三节　恋爱是一码事，结婚是另一码事 8
第四节　如果“婚商”不高，请三思而后婚 12
第五节　调整心态，完成婚后角色转换 17
第二章　婚姻生活，需要包容和理解 25
第一节　婚姻生活中需要包容 25
第二节　进入婚姻，需要改变自己的个性 29
第三节　理解，是维系感情的纽带 32
第四节　宽容，能让家庭更加和睦 35
第三章　相处之道，让爱情逐渐升温 38
第一节　过去的就让它过去 38
第二节　婚姻中要讲“求同存异” 42
第三节　信任，构建幸福婚姻的基础 45
第四节　责任，滋养后方营地的甘霖 65
第五节　执汝之手，夫妻相处的最高艺术 69
第四章　学会说话，让家庭和谐幸福 73
第一节　夫妻关系中最重要的是沟通 73
第二节　夫妻沟通中怎么聊才甜蜜 76
第三节　夫妻沟通中要避免触及这些雷区 97
第四节　沟通，拉近两颗心的距离 102
第五章　学会经营，架起美满婚姻的桥梁 118
第一节　经营婚姻如同经营公司 118

第二节　保持距离，让婚姻喘口气……122
第三节　新鲜感，和 TA 一起发现未知的自己……143
第四节　吵架可以，但要有理智……147
第五节　幸福婚姻，需要用心经营……151
第六章　婚姻艺术，让爱在这里滋生……158
第一节　婚姻保鲜，爱在“心”上……158
第二节　婚姻健康，爱在“吵”上……168
第三节　婚姻升华，爱在“成全”上……176
第四节　八大原则，让婚姻幸福美满……186

第一章　进入婚姻，你准备好了吗

爱情充满浪漫，我说着无尽的情话，你给我甜蜜的拥抱、玫瑰与巧克力。相比之下，婚姻则是柴米油盐酱醋茶的琐碎日常，是一首由锅碗瓢勺演奏的交响乐。在你迈入婚姻的殿堂之前，你是否做好了充分的准备呢？

第一节　婚姻是什么

“死生契阔，与子相悦；执子之手，与子偕老。”这句话表达了我们对婚姻的最高期望和对幸福家庭的向往。

那么，婚姻到底是什么呢？让我们来听一下柏拉图和苏格拉底的一段对话：

有一天，柏拉图向老师苏格拉底询问爱情的真正含义。老师便让他前往麦田，摘取一棵最大、最金黄的麦穗，只能摘一次，且不能回头。

柏拉图照着老师的指示去做，最终却空手而归。老师问他为什么没有摘到麦穗。

柏拉图回答说："因为我只能摘一次，而且不能回头。当我看到最大、最金黄的麦穗时，我并不确定前面是否还有更好的麦穗，所以我没有摘。但是，当我继续向前走时，我发现前面的麦穗不如之前看到的那么好，但我已经错过了之前的那个最大、最金黄的麦穗，所以我什么都没有摘到。"

老师告诉柏拉图："这就是爱情。"

之后有一天，柏拉图问他的老师苏格拉底什么是婚姻。老师便让他前往森林，砍下一棵最大、最茂盛、最适合作为圣诞树的树。同样地，只能砍一棵树，只能前进，不能回头。

柏拉图照着老师的指示行事，带回了一棵普普通通、不算茂盛但也不太差的树。老师问他为何带回了这棵树，柏拉图回答："因为我从上次的经验中得到了教训。当我走了大半的路程还是空手时，看到这棵树不错，便砍下了它，以免失去机会。最后在即将出森林时，我又发现了一棵比我砍的这棵还要大的树，但由于已经砍了一棵，所以只好带回这棵树。"

老师告诉他："这就是婚姻！"

在面对制度与人性的选择时，柏拉图与苏格拉底的对话或许能够启发那些在婚姻中寻求答案的人们。

婚姻的本质在于追求完美的幸福。它是一个温馨幸福的家园，是人生完美的一块里程碑，是一股情感愉悦的源泉，也是人类繁衍不可或缺的一部分。

婚姻的本质在于相互之间的信任、欣赏、尊重和依存。夫妻间互相发挥各自的优点，弥补彼此的不足，共同面对生活中的困难和挑战，共同享受天伦之乐，实现人间幸福美满。

然而，真实的婚姻远不如我们想象中的那样美好。实际上，不同的人有着不同的婚姻经历，每个人对婚姻都有着不同的感受。对于婚姻幸福的人来说，婚姻是一个温馨的港湾，一个充满温暖和欢乐的乐园，一个美丽的春天花园。他们懂得了相互尊重、包容和理解，也明白了生活的真谛。然而，对于婚姻平淡的人来说，婚姻只是一杯温水，不热不冷，毫无色彩。岁月的流逝和审美疲劳使一切都回归平静，双方在责任和亲情的关系中过着平凡的生活。平淡也是婚姻必然的一部分。婚姻不幸的人则形容婚姻如同一次可怕的旅程。他们原本想要携手共游仙境，到最后，却发现一切都已面目全非。在充满硝烟的战场上，他们竭尽全力互相拼搏，最终却只剩下疲惫不堪和破碎的灵魂。在这样的情况下，劳燕分飞便不足为奇。

在这里，大家可能要问：婚姻到底是什么？

一、婚姻，是一份契约

当建立家庭后，我们就需要共同经营一份感情，共同努力、互相扶持，才能共享幸福的果实。婚姻契约的背后，不仅是关系的证明，还赋予了爱情更加蓬勃的生命和更丰富的内涵。然而，并非所有人都能理解婚姻的本质。现实是检验婚姻的最佳试金石，没有人能摆脱现实的束缚，日常琐事会逐渐剥去爱情浪漫的外表，揭示生活本质的摩擦和矛盾，有些人会通过此更好地了解彼此，而有些人则会分开。其中的不同之处在于对爱的理解和处理的不同。

二、婚姻，是心灵休憩的场所

一桩幸福美满的婚姻是人们心灵的栖息地，是让人感到放松和安全的场所。无论身处何地，这个家都是人们牵挂的地方。家并不需要非常大或华丽，只需要有爱，便能填满人们的内心。只要有爱，人们就会深深地陷入其中，即使外界再精彩、再诱人，也不会被动摇和被吸引。因为每个人的婚姻都独具魅力，是一份珍贵的情感财富。

三、婚姻，是一种责任

有一句话说得好：“爱情是短暂的浪漫，婚姻是永久的责任。”爱情常常是一时的享受和满足，而婚姻则更多地意味着承担责任。婚姻是人生中最复杂、最重要的一份答卷，它涉及爱情、亲情和友情，包含着尊重、关爱、容忍和珍惜等等。因此，每个人都需要用一生的精力、心血和智慧来寻找最完美、最恰当的答案，用一生的爱来经营和耕耘婚姻。

四、婚姻，是现实的生活

婚姻就是日常琐碎的生活，是家庭和谐的和弦。当爱人口渴时，递上一杯水；出门前送上一句叮咛；爱人哭泣时张开怀抱；在匆忙回家的路上，思绪盘旋着“如果我不回家，她就会睡不着”的念头；爱人生病时，心中唯恨不能为她承受疼痛；以“只要她开心，我愿意做任何事情”的坚定信念，视爱人为世界上最脆弱、最需要呵护的人。这种现实中朴素的爱情既不矫情也不浮夸，深深烙印在爱者的心中，时刻准备给予被爱者保护和温暖。

在傍晚散步时，才子常常会看到一对满头银发的夫妇在夕阳下漫步，彼此关爱、温馨相伴，这就是“爱情”！尽管此时的“爱”是关爱，而“情”则是亲情，虽不够浪漫，却难以分割。随着“爱情”时间的推移，“亲情”会越来越浓重，就像一坛陈年佳酿，越陈越香。即使相隔千里，也不能阻隔那份长久的思念；在每个夜晚的惊醒中，你都会为伴侣掖好掀开的被角……其实，平淡的婚姻生活可以净化心灵，一份平静、一点温馨会让你感到无比甜蜜。这就是婚姻里真正的生活。

婚姻是一种契约关系和责任担当，无论你选择的对象是否完美，你都应该全心全意地接纳她，欣赏她的优点，包容她的缺点，因为她是陪伴你走完余生的人。婚姻需要责任，家庭需要经营，感情需要培养。在日常生活中，我们需要相互关心、宽容和温暖，才能拥有幸福美满的婚姻。

婚姻是现实的，生活也是现实的。风花雪月的浪漫恋爱虽然令人陶醉，但并非真实的生活。真正的爱情体现在平淡的柴米油盐中。

婚姻并不是一种单纯的选择或状态，它是一种获得幸福的能力。选择好，再经营好，幸福的婚姻走不了。

如果你总是无法找到或者感觉周围没有合适的人，才子建议你可以先选择一个你不讨厌的人，开始尝试建立感情。无论最终结果如何，你都要在这个过程中锻炼获得幸福的能力。

现代社会中，有许多人认为“我独自生活也很好，何必要结婚呢？”虽然婚姻不是每个人的必然选择，但是才子认为，如果你一辈子都不结婚，就会有很多遗憾。这就像学游泳一样，你不能因为第一次去泳池的时候呛到了水，觉得“水太冷，呛水太难受了”，就再也不想游泳了，错失游泳的乐趣。除了游泳，还有很多事情需要我们去提前付出，比如学开车、打球等等，这些都是小事，但如果不去尝试，就会留下人生的遗憾。

然而，婚姻不同于这些事情，它是伴随我们一生的事情。有些人觉得婚姻很难，需要经历许多挑战和困难，需要学会包容和接纳对方。因此，现在很多人都选择单身生活。

大多数人仍会在夜深人静的时候感到孤独、寂寞，内心渴望有人陪伴，需要有一个人来关怀和照顾自己。才子认为，那些说“一个人也能过得很好”的人往往是在倔强地表达自己，他们觉得没有遇到合适的人，所以才会选择一个人生活。

才子建议，无论年龄大小都不要放弃对爱情的追求。即使一开始感觉艰难，这也是你人生的经历之一。如果你觉得自己没有遇到合适的人，不妨听听才子的建议，或许身边那个你不讨厌的人就是最适合你的人。你需要锻炼的是经营感情的能力，这样才能获得幸福。你可以和这个人一起去锻炼这种能力，等到你拥有了这种能力才会遇到适合自己的人，而不是等到遇到对的人后再去学习经营感情的能力。先培养获得幸福的能力，才会让你能更好地经营自己的感情。

第二节　婚姻是一种功能

婚姻是人类情感生活的基础形式，也是社会最基本的单位。夫妻和子女构成了家庭，而家庭则构成了家族，再由不同的家族和地域性群体组成了民族和国家。自古以来，“家国天下”，“家庭”与“国家”在人类的集体无意识中具有等同或相似的心理意义。因此，虽然“爱国”和“爱家”在政治和文化内涵上存在一些差异，但它们的心理内涵是一致的。

现代人的婚姻关系建立在爱情基础上，这也导致了人们容易混淆婚姻关系和爱情关系的内涵差异。有些人认为两者是相同的，一旦发现婚姻中双方缺少曾经的爱情体验，就会对婚姻产生怀疑和失落。而另一些人则相反，将婚姻和爱情对立起来看，认为一旦结婚，爱情就会陷入“死胡同”，从而对婚后生活产生不切实际的焦虑。

实际上，婚姻和爱情是相互促进的关系，爱情促成了婚姻，而婚姻则为爱情的发展提供了坚实的基础。在婚后的生活中，夫妻双方可能会继续感受到深厚的爱情，也可能会有一种淡淡的依恋，或因为情感的疏离和缺乏维护而失去恋爱的感觉，这些都是很常见的情况。因此，将婚姻等同于爱情或将二者对立起来，都是不理性的观念。

从人类心理需求的角度来看，婚姻对于人们的生活具有一系列重要的内涵和功能。

一、安全感

每个人都需要安全感，虽然他们可能属于不同的团队、组织、派别和群体，并且能够从所属的团队与群体中获得成就感、价值感和归属感。但对于大多数人来说，情感上的安全感是婚姻与家庭所提供的。通过婚姻与家庭，一个人可以拥有一个安全的港湾，一个“大后方”，结束人生旅途中的漂泊无依，这是婚姻的重要功能之一。

二、生育

婚姻赋予人的重要权力之一是合法生育，而生育是人类的本能。亲子关系是大多数人一生中最为依赖的关系之一，它源自生育，是因生育而产生的。成为一个或多个孩子的父母，意味着你有养育孩子和教育孩子的责任和义务，这让你感到有价值。

三、责任感

在婚姻和家庭关系中，人们不仅要承担对自己的责任，也要承担对别人的责任。夫妻双方因为共同的生活而建立的相互照顾、相互体谅、相互帮助、相互赡养的关系，实际上是责任的体现。无法承担责任或者不能履行责任的人，在心智和人格上是不完整的，也缺乏价值感。

四、亲情感

婚姻的长期共同生活，能够在婚姻双方之间形成淡淡却极为深厚的亲情依恋。这种依恋在一定程度上可以弥补自己与父母分离或父母去世带来的关系断裂。

五、性满足

成年人普遍具有性冲动和性需求的本能。性需求是否得到满足，会直接影响当事人的身心健康。婚姻为当事人提供了一个安全的空间，满足其性需求是合理的需求。因此，健康的夫妻性关系是构建良好婚姻关系的基石。把婚姻视为等同于爱情或者将婚姻与爱情对立起来，都是不合理的观念。

许多人会问："为什么人一定要结婚呢？"从心理学的角度看，婚姻有以下三个方面的功能。

第一，情感连接。每个人都有情感上的连接，例如，当一个外卖小哥在大热天里给你送外卖时，你觉得他很不容易，递给他一杯水，他接过水后说了声“谢谢”，这时你们的心灵便有了联系。除此之外，人与人之间还有更深的情感联系，如父母、孩子和伴侣之间的情感联系。在这些情感牵绊中，父母和孩子终究会离你而去，只有伴侣才会陪伴你一生。因此，你需要与伴侣建立情感联系，这也是心理学上提出的理论。

第二，满足核心需求。在生活中，人们有很多需求，特别是在感情生活中，需要被认可、理解、尊重、关心，甚至崇拜、被需要、被重视……其中每个人都有一个是特别需要满足的核心需求，比如，男人需要被认可，女人需要被关心，这些需求都可以在亲密关系中相互给予。

第三，促进个人成长。人的本性喜欢安逸，不喜欢改变。比如，一个男人婚前脾气不好，没有人干涉他，他可以一个人过自己的生活；再比如，一个女人在结婚前可以很强势，但她也不碍于别人的生活。但是，如果两人结婚了，就需要相互磨合，需要各自去除掉自己的锋芒。因此，婚姻也是在促进两人共同成长。才子认为，好的婚姻是一个人的修炼和两个人的成长。

第三节　恋爱是一码事，结婚是另一码事

常言道：相爱容易相处难。谈情说爱似乎只是两个人之间的简单事情，但婚姻却是涉及两个家庭的复杂问题。在恋爱时，恋人们带着激情，总是尽力展现美好的一面，也愿意美化和容忍对方。但结婚后，绷紧的神经瞬间松弛下来：我们是夫妻了，是同一阵营的人，不必再时时害怕失去对方，因此可以坦然做自己。于是，彼此的缺点慢慢显露出来。度过了最初的新婚期，夫妻双方就会进入磨合期。明智、成熟的人会安然接受这个过程，并努力用心度过这个阶段，才能换来婚姻和爱情的稳固。相反，对于不正确理解婚姻、承受能力低的人，一旦进入婚姻磨合期，就会开始感到绝望，觉得婚姻和他们期望的不一样，让爱情和所爱的人都变得不同，心灵阴影产生消极的想法，促使婚姻走向瓦解。因此，新婚夫妻需要充分认识和理解婚姻与爱情的不同，只有这样才能更好地掌握婚姻生活。

一、爱情更多的是吸引与享受，婚姻更多的则是承担

有这样一个比喻：爱情就像闪电，而婚姻就是为这闪电付费的。一般来说，爱情基本上是自由的，选择与谁相爱是你的权利，但是结了婚就不一样了。如果说结婚前是在选择你所爱的人，那么结婚后更多的是你得去爱你所选择的这个人。人在一生中或许不止爱恋一个异性，但和其中一位结婚之后就要克制对其他异性的爱。英国哲学家罗素在《婚姻革命》一书中写道："毫无疑问，因为婚姻而拒绝来自他方的一切爱情，就意味着减少感受性、同情心以及和有价值的人接触的机会。"

二、爱情是发展变化的，而婚姻是相对固定的法律契约

结婚一段时间之后，爱情的高峰过去，双方身上的弱点暴露得越来越多，彼此的新鲜感逐渐消失，平淡而又真实的生活代替了浪漫，具有法律契约性的婚姻在约束着双方的生活。

三、爱情更多的是感觉，而婚姻更多的是责任

爱情更多的是两个人的感觉，可以跟着感觉走；而婚姻是责任，要给彼此以及你们的孩子、父母幸福，你必须去挣钱、去打拼，你需要在婚姻里靠打拼生存下去，靠感觉过不了日子。

四、爱情更多的是两个人的私事，而婚姻则涉及双方家庭

结婚之前，你想爱谁就爱谁，不爱了可以分手，闹矛盾了往往自己去处理。婚姻是关乎其他人的，它在法律契约的层面上，必须对双方家人及自己的孩子负起一定的责任。

准备结婚的人应该有个清醒的认识：爱情可能是婚姻的基础，但不是婚姻的全部。婚姻中除了爱情因素以外，还有经济的、生育的、责任义务的因

素。不要对婚姻中的爱情过于苛求，要准备迎接现实的挑战。幸福的婚姻需要你去努力地经营，法国著名作家莫罗阿曾说过：“婚姻本身（除了少数幸运或不幸的例外）无所谓好坏，成败全在于你。只有你自己才能答复你自己的问题。因为你在何种精神状态中准备结婚，只有你自己知道。‘婚姻不是一件定局的事，而是待你去做的事。’”

五、婚姻不仅需要双方磨合，还牵涉与其他人的相处

夫妻需要彼此家庭观念和价值观念的磨合，婆媳关系自古也是婚姻生活中的一个难题。不过不要为之担心，每个人的婚姻都要经历这样的阶段的。总是需要时间去相互了解、相互尊重，相互关爱，从中找出相处之道，当然这过程是漫长的，需要一颗坦然接受的心和积极的态度，如果一遇挫折就放弃，婚姻就会脆薄如纸了。

婚姻中存在的问题，自古皆在，古时人们之所以能克服并坚持，多是因为以前的人们注重名誉，他们认为离婚是丑陋的事，没有退路自然会想办法克服所遇到的难题，因而产生坚持和容忍之心。再者以前的人们，异性之间接触的机会少，让离异后再步入婚姻和婚外情的机遇减少，从而减少三心二意的机会。

当今社会，人们观念的开放，社交的范围扩大，无形之中让人们缺失了坚守婚姻的决心，也促使婚姻变得脆薄如纸。

爱情是两个人的事，婚姻是两个家庭的事。在夫妻的二人世界里，多了孩子这个“第三者”后，紧接着又要多进一个“第四者”——丈母娘、婆婆，矛盾也接踵而来。这需要你去相处、磨合。

当我们选择结婚时，是选择喜欢的人还是选择合适的人呢？这是一个常见的问题。很多人的第一反应是选择合适的人。

在才子七年多的婚姻咨询中，我们发现，夫妻在3～7年的婚姻中经常会遇到一些问题，如家庭暴力、婆媳矛盾、家庭冷暴力等等。这些问题的共同点是，当初结婚时，双方都不清楚为什么选择对方。此时，妻子会找一个理由，比如“可能是因为我长得漂亮”，然后也会给丈夫找个理由，比如“可

能是因为他有房、有车、有钞票”。因此，我们可以综合这两个词：合适。

有些人会因为父母认为两人合适而步入婚姻，甚至有些人认为没有爱情也无所谓，毕竟可以在婚姻中培养感情，因为婚姻本来就是生活琐事的积累，日久生情也是常有的事情。

然而，现实生活告诉我们，如果最初的选择就是错误的，与一个不被看好甚至让人感到反感的人在一起，时间只会让你对 TA 更加失望和反感。有些人可能认为，恋爱期间没有感觉并不要紧，可以在婚姻中培养出感情。如果在婚姻中还是没有感觉，他们可能会想要生个孩子，以此来增进感情；如果孩子出生后还是没有感觉，他们可能会继续等待，直到孩子长大成人。但是，一旦发现彼此之间的不合适，离婚的问题将变得非常复杂，因为它牵涉到财务、家庭纠纷、孩子抚养等方面。很多人在这种情况下会选择妥协，等待着一线生机。有些人甚至会陷入“被害者思维”，觉得自己是世界上最不幸的人，认为自己选择了错误的人，导致婚姻生活异常痛苦。

才子认为，你所经历的痛苦不是婚姻本身带来的伤害，而是你当初做出的选择所导致的。因此，才子建议大家，在选择结婚对象时，首要考虑的是是否喜欢对方，其次才是是否合适。你可以让你喜欢的人变得更合适，你也可以在一群合适的人中挑选一个你喜欢的人。

如果当前你还没有找到一个自己特别喜欢的人，那么才子建议你不要太急于妥协。当然，这并不意味着你要一直等待下去，而是需要反思自己是否处于最满意的状态。如果不是，那么你应该修炼自己，让自己变得更好，这样才能更好地把握未来的缘分。毕竟，要想找到一个高质量的伴侣，首先得有一个高质量的自己。

第四节　如果“婚商”不高，请三思而后婚

迈入新时代的女性，见多识广、文武兼备，她们精神层面丰富细腻，创造价值的能力也与男性平分秋色。然而，女性自身的优秀程度，与她们在婚姻中的自尊、自信和自如程度，并没有建立起正向关联。

中国女性的“婚商”，水平普遍有待提高。

那么，什么是“婚商”？“婚商”就是驾驭婚姻的智慧和能力，主要体现在经营能力、感知能力和取舍能力。

一、经营婚姻的能力

婚姻需要经营。

经营婚姻，是为婚姻的走向掌舵，是对夫妻情感的主动管理。

然而，一些女性把经营婚姻等同于包办婚姻中的大小事务，把“经营”

误解成了“操持”或者“打理”，变成了婚姻之中的“杂役和苦力”。

其结果是，如花似玉的小媳妇很快变成了心力交瘁的黄脸婆，擅长琴棋书画的淑女被逼成了霸气十足的悍妇，最后还常常落得一身埋怨。

所以，经营婚姻要靠一种巧劲，而不是蛮力，所需要的是领导力，而不是执行过程中的事无巨细。

传统的婚姻观念，鼓励女性对婚姻去投入和奉献，要求女性在婚内坚毅隐忍、委曲求全。

其实，这些要义都没有错，只是我们女性有时抓错了重点。

对婚姻投入和奉献，指的是对婚姻的关注和专注，而不是无谓的、无底线的牺牲。而坚毅隐忍和委曲求全，指的是一种以柔克刚的智慧，而不是逆来顺受。事实上，“驾驭婚姻的智慧”和“引导伴侣的技巧”，才是经营婚姻的核心，更是一位婚内女性的重要自我修养。

经过几千年养成的生活习惯，经营婚姻的责任被更多地赋予女方，那么女性就应当在角色扮演上，自觉向“婚内家长”的方向靠拢，学会从俯瞰婚姻的角度，对婚姻进行支配和把握，而不是一味地鞠躬尽瘁、任劳任怨，将自己放在“婚内奴仆”或“婚内保姆”的位置上，让自己的心智和精力不断被消耗、消磨。

二、感知婚姻的能力

从历史纵向角度看，由于女性在封建社会长期被压抑，所以在近现代各方面被解绑以后，一直在飞快成长。在从绝对弱势变得更加重要的过程中，女性展现出了惊人的自我提升能力。而一些男性，非但没有警醒，还在懒散中继续享受着大环境的宠溺，继续在婚姻中保持着惰性。

现代女性，在家庭财务的贡献上，与男性日益比肩。因此，对于女性来说，婚姻中的幸福感，取决于在婚内享受到多少尊重与平等。

很多女性，在婚后就失去了对婚姻的敏感，或者说，故意让自己变得迟钝，以迎合“难得糊涂”的哲学。

老一辈人也经常会劝导年轻人，婚后就要降低标准，睁一只眼闭一只眼，才能把小日子过起来。他们甚至会向年轻人灌输，“婚姻幸福是奢望，婚姻不幸是常态”。但实际上，这种对婚姻的消极观念，并不适用于现代婚姻，因为现代婚姻中的女性，早已不再处于经济上的从属地位。老一辈人对婚姻和情感的认知、对婚姻的判断，以及他们的婚姻观和幸福观，早已不能代表和指导现代婚姻。

幸福还是痛苦，快乐还是伤心，是一个女性在婚姻中最直接、最真实的感知，不必回避，也不必用任何理由来麻痹自己。女性应该对自己当前的婚姻，有一个清醒的判别：我是否享受我的婚姻？我的婚姻质量如何？是否有改善的空间？

没有人可以影响自己对幸福的判断。如果一个人对幸福的认知，会随着外界的声音而摇摆不定，那么这个人，也许就真的不配拥有幸福的婚姻。

三、取舍婚姻的能力

取舍婚姻的能力，是“婚商”最重要的体现。在我接触过的案例中，在我周围的朋友里，大致有这样几种对待婚姻的态度与方式。

（一）婚大如天，保全婚姻

他们认为，婚姻是安全感的源泉，是成功的标签。婚内的一切即使糟透了，也强过婚外灵魂的独舞。婚姻，约等于一个人生命价值的全部体现，所以毕生都要为捍卫婚姻而奋斗。否则，失去婚姻，会让自己价值无存。

虽然，他们也会在吵架时、在发牢骚时提及离婚，但也只是停留在想一想或说一说的层面，即使前一秒钟下定了决心，后一秒钟还是会用各种理由，来说服自己回到现存婚姻的“一地鸡毛”里面，不愿意转身离开。

（二）离家可以，离婚不行

他们认为，婚姻是一个人得以在社会行走的躯壳，只有躯壳完整，自身才能安全。不管婚姻如何“败絮其中”，他们也要对外展示一个看上去很美的“金玉其表”。

持这种婚姻观的夫妻，通常会达成一种默契：离家可以，决不离婚。他们用婚姻共同对抗外界，即使婚内的感情已经毫无黏性，他们也毫不介意。

（三）离婚可以，不能离家

这是目前一些感情已经破裂，但需要共同养育子女的夫妇，所采取的一种折中方案。

为了让孩子的亲情完整，为了让子女受到的心灵伤害最小化，他们离婚而不离家。一边共同陪伴孩子成长，一边在孩子的成长过程中，寻找适当的机会跟孩子解释，让孩子慢慢理解、慢慢消化。

（四）幸福很大，婚姻很小

可以轻松取舍婚姻的人，仍然是少数。对于他们来说，这是一道简单的命题，拥有一个非常清晰的标准——婚姻的目的是获得幸福。

如果来自婚姻的幸福感大于痛苦，那么就保持婚姻并经营婚姻，以获得更多的幸福；如果来自婚姻的痛苦大于幸福，并且无力改善，那么就解除婚姻关系，并继续寻找合适的婚姻，或是保持单身。

坚守不幸福的婚姻，会让这种不幸福不断放大，继而变成对夫妻双方和子女的持续性伤害。

传统的“婚姻坚守论”，让女性在面对问题婚姻时，总是更倾向于“忍辱负重”。结果，委曲求不来周全，幸福却越走越远，问题也越变越尖锐，甚至于酿成悲剧。

在人们的传统观念中，只有男方出轨或者家庭暴力，才是女方提出离婚的正当理由。也只有这样，不幸福才被认可。正因如此，很多女性都会纠结：对方没有出轨，也没有家庭暴力，但我就是感受不到幸福，是我太矫情了吗？是我要求太高吗？我应该离婚吗？

有趣的是，这样的情景会经常出现：姐妹们三五成群地凑在一起，聊着聊着，话题就开始转向“控诉”男人。当某一位的发言引起强烈共鸣时，大家纷纷开始诉说自己配偶的差劲表现。更有趣的是，控诉过后，心平气消，姐妹们又仿佛忘记了刚才的群情激愤，转身又开始筹划“今晚给老公做点什么吃”。

仿佛在群聊过程中，她们就能得到自我救赎。通过群聊，她们也似乎找到了强有力的理由来安慰自己——谁的婚姻不是如此，我的遭遇并不例外，继而找到了某种不可言说的心理平衡感。归根结底，传统的婚姻观和伦理观，对婚姻的意义和价值有比较大的误导，导致女性对离婚成本产生了盲目的恐惧。这也是部分女性“婚商”低、取舍婚姻能力比较弱的根本原因。

高“婚商”的女性，有能力去经营婚姻，感知婚姻的真实情况，也有能力用一颗平常心看待离婚，并勇于面对婚姻的失败，继而勇敢地走出来，创造新的幸福。而低“婚商”的女性，懵懵懂懂地进入婚姻，糊里糊涂的混沌度日，在问题出现后怠于解决，在婚姻恶化后又怯于面对，最后可能还是难逃“被出局”的结果，成为婚姻的牺牲品。

才子认为，高“婚商”的女性具备爱的五种能力。前面提到过幸福是一项经营感情的能力，只有能力上去了，幸福感才会自然而然地产生。才子通过一些案例来给大家拆解一下到底什么是爱的五种能力。

第一，共情。在经营感情里面，共情是一个特别重要的点。简单来说，共情就是你能否感受到对方的情绪。比如，女生肚子痛的时候，她更希望感受到对方的关心和陪伴，但如果你只有一句“多喝热水、多吃药”。虽然你说得没错，但她听了之后就会不舒服，因为你没有照顾到她的感受。对于男人来说也一样，比如他今天在家发脾气了，可能并不是因为两个人感情有问题，而只是因为最近的工作压力太大，这时，如果你说：“老公，我也知道你最近工作压力很大，我很心疼你，也很理解你。”这就是一种共情。共情会让伴侣感受到“你能理解我，我们是一个团体的”。

第二，尊重。尊重可能听起来比较虚，而且不少人好像也不知道该如何去具体做。才子告诉大家，尊重其实就是明明知道这件事情是不对的，或者说“我”是不认同的，但“我”还是会尊重你，还是会允许你做。比如，两个人约好出去吃饭，丈夫已经准备好了，但妻子因为接了一通电话后，突然说：“不去了，没心情。”这时候丈夫虽然不高兴，但是他还是尊重妻子的决定。彼此的相互尊重会给两个人拉开一个安全距离。

第三，了解需求。了解需求就是要了解自己的感情需求和对方的感情需求。比如，男人可能更多的是需要被认可，需要被尊重的，这是他们的需求。女人可能需要的是更多地被关心、被照顾。每个人对于爱的理解是不一样的，有的人会觉得你给“我”送过礼物就是爱“我”，也有的人觉得你陪着“我”才是爱“我”。但如果你不了解对方的需求，就会导致“我”把自己所有的东西都给你了，你却说不是你想要的。

第四，沟通。所有的感情都会遇到舌头跟牙齿打架的情况，这时你就要学会去表达。沟通的技巧有很多，最核心的就是不要带着情绪，甚至是带着批判的情绪去表达感受。比如，晚上丈夫回家晚了，妻子的一句“你怎么不‘死’在外面”，就是情绪的宣泄，而非有效的沟通。

第五，共同成长。在感情生活中，无论是通过看书还是看视频来提升自己，都是一种成长。成长是人生的必修课，好的感情也是两个人共同成长的经历。有的人会说：“老师，我一直在成长，但是 TA 一直没有改变怎么办？”这时候你要记住，TA 怎么样不重要，最重要的是你自己，如果你一直在成长一直在努力，而对方没有改变，那么你们两个人已经不再合适了。共同成长的意义就在于做好自己要做的事情，不要因为对方放弃自己，也不要因为 TA 的堕落放弃自己的成长。

只有拥有了这五种爱的能力时，你再去考虑是否要结婚，才能够给自己一个肯定的回答。

第五节　调整心态，完成婚后角色转换

从热恋的恋人步入真实的婚姻生活后，大多夫妻一开始有点不太适应，有一种失落感，这时要学会调节自己的心态来适应婚后的生活。

人的一生，总是伴随着家庭度过的，对待家庭的心理也是随着年龄的增长而不断变化，这样在人的一生中，就会出现三个家庭心理依赖期和两个家庭心理叛逆期。

每一个人出生以后，必须依赖家庭才能够生存。所以，对家庭的依赖心理自然就会产生，这一阶段就是人生第一个家庭心理依赖期，这时候如果依

赖心理能够得到满足，就会感到幸福快乐，心理健康发展。这个阶段大概从出生到十五六岁，有些孩子也可能到了十二三岁就可以独立生活了。

随着年龄的增长，自我意识的产生，个体的自我生存能力得到发展，这时候，人就会希望自己能够独立处理自己的生活，于是家庭就成为个性独立的一种束缚，家庭对他的一切关心这时候都会变成一种相反的力量促使他与家庭决裂，这就是人生的第一个家庭心理叛逆期。这个时期大概就是十五六岁，个别孩子可能提前进入叛逆期。

在这个叛逆期，人渴望走出家庭，渴望独立生活，渴望一种理想的家庭。他们总是觉得自己的家庭不尽如人意，自己的父母不如人家的父母，过去没有意识到的父母身上的缺点这时候都暴露出来了。他们敢对父母发脾气，敢故意对着干，故意闹别扭，甚至离家出走。

了解到这种现象，对每个家庭来说，都需要及时调节自己的心理习惯，正确应对。一方面，做父母的应该适时给孩子一定的独立自主的权力，不要事事都包办代替，满足孩子的独立意识和要求。另一方面，作为在这个家庭生活成长的孩子来说，对自己青年心理变化应该有一定的意识，及时调节自己的叛逆心理，主动与父母交流、沟通，化解自己内心的不满和意见，这样就能够避免令人难堪的事情发生。因为与家庭决裂会给每个人心理造成难以弥合的创伤和永生的痛苦。

不管与家庭决裂还是继续与家庭保持一种亲密关系，人一旦到了恋爱的阶段，就会在自己心里唤醒家庭意识。与自己心爱的人组建一个家庭，是每个人一生所追求的，这个家庭是按照自己的意识和理想组成的，每个人都会非常珍惜并充满爱心，这时候，就进入了人生的第二个家庭心理依赖期。

这个新家庭具有一种魔力，不管你在什么地方，你总会想念它，渴望回到它的怀抱，充分享受家庭的温暖。特别是当这个新家庭有了自己的小宝贝以后，你就会更加依赖这个家庭，留恋这个家庭，家庭就成为你的一切。新家庭的幸福会使你思念你过去的家庭，思念你的父母。这时候，你才能理解父母的苦心和爱意；这时候，你才真正理解了生活，理解了人生。

但是，时间不长，你就会感到维持这个家庭需要你付出很多，需要你付出时间、付出精力。当你的事业受到影响，你一天比一天感到疲劳，你渴望回到那个无忧无虑的单身时代，你忽然觉得把自己一生放在这个小小的家庭里实在是有点不甘心，你觉得自己应该纵横天下，而现在这个家庭就成为你的累赘，这时候，人生的第二个家庭心理叛逆期到了。

这个阶段的情况是复杂的，特别是我们今天的社会生活，人人都渴望自我实现，都不甘心落后于时代，都希望张扬个性，活得有滋有味，对家庭的叛逆就成为一种时髦。这些年来，社会上流传这么一句话："换了没有？"换妻子，也就是换家庭，也是家庭叛逆心理的一种表现。

一、学会调整心态

一般来讲，人到了而立之年，都会产生一种紧迫感，都希望能够成名成家，有所作为，这时候凡是影响自己的一切都会引起心理上的反感，家庭矛盾表现最为突出。对家庭来讲，理解这种心理就会及时调节彼此的心态，互相支持，互相理解，互相交换想法，就能够避免矛盾激化，如果各自坚持自己的意愿，就会导致家庭破裂，造成人生的痛苦。

当一个人度过紧张繁忙的中年，经历了人生的风风雨雨，进入晚年的生活，对家庭的依赖心理就会自然而然地产生，这就是人生的第三个家庭心理依赖期。在这个时期，你会希望自己的儿女都能够在自己的身边，你渴望儿女的家庭都美满幸福，你渴望看到自己一生的成果。

我们每个人生活在这个社会中，都应该了解家庭心理变化过程。在不同的家庭心理发展变化时期，及时调节自己的心理状态，适应家庭的情况，才能创造一种和谐幸福美满的婚姻生活。情感世界中，没有十全十美的婚姻，婚姻是双鞋子，合不合适只有脚知道，不要光图漂亮，舒服才是最重要的。毕竟，我们要走的路还很长。

从热恋的恋人步入到真实的婚姻生活后，大多夫妻一开始有点不太适应，有一种失落感，这时要学会调节自己的心态来适应婚后的生活。

（一）心理落差的调节

恋爱与婚姻是有很大差别的，从无忧无虑的浪漫世界跌进了琐碎、操劳的现实生活，许多新婚夫妻不太适应。

尤其是妻子，在心理上产生了失落感。许多新娘子抱怨：恋爱时，男朋友总是主动请求约会，到家门口接、送到家门口；会牢牢记住自己的生日和情人节，送上精心挑选的礼物，为自己唱歌跳舞，大献殷勤；闹矛盾的时候，不管谁对谁错，总是小心翼翼地赔不是……可结婚后，像变了个人似的，不像以前那么好了，原来一直都在哄骗人。

其实，并不是男方不好，更不是什么哄骗，只不过他认为，成了家就该养家立业，只卿卿我我怎么生存、如何生活？于是他将大部分的精力给了工作与事业，自然不像以往那么有时间献殷勤了。另外，恋爱时双方都注意给对方良好的印象来吸引对方，较少显露出弱点和不足。婚后，随着时间的推移，那些弱点和不好的一面也会逐渐显露出来，也容易出现感情的摩擦、引起心理失落。

面对这样的问题，最关键的是双方要互相理解和体贴，不要强迫别人按照自己的意愿行事，要正确理解并接纳恋爱和婚姻的正常差别，努力达成激情与琐碎生活的平衡。

（二）化解自由与责任的冲突

步入婚姻，必须负起应有的责任和义务。恋爱时虽然也需要负起一定的责任，但毕竟还没真正地在一起生活，双方都比较自由。比如，你把女朋友送回家后，还可以和其他好朋友一起聚会。结婚以后就不行了，如果丈夫经常要和朋友一起喝酒、打牌，把妻子抛在脑后，妻子当然不愿意接受。结婚前，女孩除了享受男朋友的殷勤，回到家还能享受爸爸妈妈的照顾，吃喝不愁。结婚以后，妻子通常在下班后还要做饭，如果下班后就躺在床上吃零食、看电视，全然想不到丈夫下班后的饥肠辘辘，这样婚后生活必有矛盾。总之，结婚以后，双方都不能再“为所欲为”，要增强责任心，做一个像样的妻子或丈夫，婚姻才可能持久、幸福。

（三）性格与生活习惯要适应

新婚之后的三年内是两个人的“磨合期”。性格需要磨合，生活习惯也需要磨合。生活是由琐事所组成的。两个人的家庭出身、文化背景、性格特征都不尽相同，生活在一起难免要发生矛盾。比如，一方喜欢整洁而另一方常乱放东西；一方不修边幅而另一方有“洁癖”；一方节俭而另一方却大手大脚，等等。所以，许多新婚夫妇经常为鸡毛蒜皮的小事争吵，伤害了夫妻感情，破坏了家庭和谐，甚至会闹到离婚。

婚后“磨合期”的这段时间内，夫妻双方要正确认识“磨合期”内矛盾的必然性，尽量站在对方的角度去看问题，欣赏对方优点的同时也要接纳对方的缺点。不要太固执，要学会容忍、变通。

（四）婚后的性生活要适应

性生活是婚姻生活的重要组成部分。新婚夫妻一般都没有太多的经验，难免会配合得不和谐。女性容易对疼痛感到紧张、惧怕，但也对性生活充满期望；男性容易对自身的能力、对方的满意度感到紧张、有压力等等；这些都会影响性生活的欢愉。新婚性生活的美满与否，会对以后的夫妻性生活心理和质量产生很大的影响。因此，要注意努力化解性生活中的问题。

二、完成婚后角色转换

“从女孩变成女人，从男孩变成男人”不只表现在形式上，更表现在要快速完成家庭角色的转换，否则结婚证也将成为一种摆设。

很多人婚后会遇到各种不适症状，通常有以下几种。

（一）无法及时完成角色转换

从一个大姑娘转换成一个小媳妇，同时成了丈夫的妻子、婆婆的儿媳。这是一个正常的转换，只要心平气和地看待期间遇到的问题，然后夫妻双方多加沟通，慢慢就会适应角色的转变。

（二）不能够适应新的环境

每个人在远离自己从小长大的地方之后，都会感觉到莫名的孤独，对女人来说更是如此。面对陌生的周围环境不免会感到失落。这时作为丈夫，一定不要忽视妻子的感受。要常带妻子参加一些朋友聚会或当地风俗节日，介绍一些平时要好的朋友和妻子认识，这样会让妻子消除浮躁的情绪。

（三）无法正确对待琐碎家务

正确对待琐碎家务，这是人们在婚姻成长路上的必修课。现代的年轻人婚前基本上都过着衣来伸手饭来张口的日子，婚后要独自面对琐碎的家务事。在这个过程中，一定别忘了家庭是两个人的，家务事也是两个人事情，该让男人分担的一定不要因为疼爱而让自己大包大揽，这样不但会给自己一生带来太多辛苦，还会让男人产生惰性，甚至体会不到持家的辛苦。

（四）不懂得理财

小夫妻往往是挣钱数目小于开销数目。对于家庭来说就这样出现了资产负增长局面。这是婚姻开端必经的一道门槛。当意识到彩礼钱和多年打拼的积蓄即将掏空时，小两口自然会想到挣钱门道。为此，对于理财的事情可以暂时不做考虑，但前提是要有足够挥霍的资本。还有一部分小夫妻在婚后沦落为房奴，一定会感到资金的紧缺。在适当挥霍的情况下，按时完成住房的按揭，这本身就是一种理财。

（五）不知该如何处理新家庭的成员关系

新的家庭组建后，会给原来的家庭模式带来细微的变化。女人要趁早打消婆婆会平等对待自己和丈夫的念头，因为婆婆是丈夫的亲娘，你只是一个儿媳罢了。当有了这样的心理准备，在面对婆婆偏心丈夫时就会释然。千万别因为婆婆对丈夫好，和婆婆争风吃醋，那将是最愚蠢的事情。尽量配合婆婆，完成自己的角色转换。只有和婆婆关系处理好，丈夫才会省心。聪明的女人都会哄着婆婆开心，她们知道婆婆绝对不会亏待自己。

（六）对父母的想念无法排除

常言说：嫁鸡随鸡，嫁狗随狗。但和相处二十几年的父母分开，难免会舍不得，并经常想起父母对自己的种种好。时常回家看望父母可以解决这一难题。但要记住，父母不可能呵护我们一辈子。

那么遇到这些不适症状，又该如何应对呢？

我们都知道，男人和女人是存在差异的，就像女人喜欢罗曼蒂克，男人却喜欢诺曼底；女人喜欢时装，男人喜欢的是穿时装的模特……但也必须明白，婚姻除了爱以外，更多的是责任，既然选择了和这个对方过一辈子，那就要做好双方的沟通和交流，要做到这一点其实并不难，只要双方都做一些让步和体谅，快速转换好自己的家庭角色，才能协调生活步调。

比如，试着协调思想，不要总是把什么事都往坏处想。总觉得爱人只要是没有顺从你的思想或指示去做的事，就都不如你的意。换位思考一下，说不定他这么做另有原因呢。

又比如，试着协调行为，不要总是摆出一副冷脸面对你的爱人，说话的语气尽量轻柔再轻柔，要知道你们是最亲的人，不是对手。要以一个平和的心态来看待你的爱人，这样你就会慢慢改变自己，也改变对方。

才子认为，婚姻不能简单地说是两个人的事情，更多的时候婚姻是一个人的修炼。如果你将婚姻当成一场修炼，也就能通过不断地提升自己而获得幸福。当然，婚姻也需要两个人的共同经营，它需要互相协商，彼此包容，甚至有时候还需要一方先做出妥协。“清官难断家务事”，因此有人说家是有理说不清的地方，但夫妻可以通过彼此间不断地协调而让家成为最温馨的港湾。为了能够让这块属于两个人的小角落更加和谐，更加幸福，做出一些小小的牺牲又有什么不可以呢？

所以，从女孩变成女人，从男孩变成男人。不只表现在形式上，更表现在要快速完成家庭角色的转换。

第二章　婚姻生活，需要包容和理解

爱情充满了浪漫，而婚姻则更加现实。婚姻就像是日常生活中不可或缺的柴米油盐酱醋茶，是由锅碗瓢勺演奏出的交响曲。长期生活在一起不可能没有争吵和冲突，因此，维持婚姻不仅需要情感的支撑，更需要包容和忍耐。如果没有包容和忍耐，即使是再美好的婚姻也会因为琐碎的小事而支离破碎。

第一节　婚姻生活中需要包容

当我们的爱到一定程度时，才会选择步入婚姻，而选择婚姻后，我们应该接纳对方的优点和缺点。一句话概括就是：婚姻需要包容。

在我们身边，有些人打打闹闹，有些人闹得离婚，有些人甚至动手打架。在电视剧《妻子》中，有句话："家不是讲理的地方。"是啊，在家里我们有什么理可讲呢？家是由爱支撑的，如果没有了爱，家就失去了它的本质。家庭需要相互包容和宽容，不要事事都斤斤计较，而是要保持胸怀宽广，需要通过包容和忍耐来达到和谐。

在忍耐中蕴含着道德、智慧和真善美。在生活中，忍耐是必不可少的。就像富兰克林所说："结婚以前睁大你的双眼，结婚以后闭上你的一只眼睛。"

抱怨只会导致彼此疏远，从而更早地扼杀爱情。争吵常常会陷入算账、揭旧账的险境，而最好的结果是双方达成新的谅解。宽容是让双方互相交流、融洽的关键，也是感情持久的重要条件。然而，宽容也需要有原则，不是盲目忍让，而是不要过分计较，付出时适度索取回报。在交往中，需要经常换位思考，不要把自己的想法强加于人，给予对方解释的机会。

有时候，我们需要学会灵活变通。如果婚姻中的另一方不小心说了谎，即使你已经知道真相，也不必刻意揭穿他或者与他争吵。你可以傻傻地笑着说：“我只是担心你。”这暗示着你知道他说了谎，但不打算计较。特别是在第三方在场的情况下，你的宽容和保护会给他留足面子，他会心存感激，把你当做盟友和分享秘密的伙伴。我们不要放弃这种轻而易举的甜蜜。白头偕老不是空洞的誓言，而是需要贯彻在我们日常生活的行动中。白头偕老不仅需要爱情的支持，更需要相互宽容和礼让。这种宽容和礼让体现在我们的日常生活细节中。

两个人在婚姻中相互妥协可能容易，但是两个家庭之间的妥协就难了。在婚姻生活中，除了需要相互包容，还需要有足够的耐心。过度的不包容会使小事变大，甚至无事生非。让我们看看这对夫妻正在争吵的问题：

“你知道我一天工作有多累，压力有多大。我晚上只想一个人吃饭，怎么了？你还是个小孩子，需要我喂你吗？”丈夫不耐烦地说道。

妻子抱怨说：“你总是喝醉回家，好久没有给我买花了，也好久没帮我做家务了。”

丈夫也不示弱地回答道：“你做的饭太难吃了，洗的衣服也不太干净，花钱大手大脚，很久没去看我的父母了……”

这对夫妻之前互相抱怨，不肯让步，最终甚至准备离婚。在他们前往街道办事处办理离婚手续的路上，遇到了一对老夫妻，老妇人慢慢地搀扶着老伴走着，时不时拿出手帕为老伴擦去额头上的汗，老伴则顾虑老妇人是否太累，自己拎着满满一袋菜。看到这一幕，年轻夫妇想起了当初结婚时的誓言：“执子之手，与子偕老。休戚与共，相互包容。”然而，现在他们却陷入了如此的争吵……

于是，他们开始反思自己的行为。

丈夫说：“亲爱的，我真的想回家陪你吃饭，但是我的工作太忙，经常要应酬，这并不是我忽略你啊。”

妻子不好意思地说：“老公，我也错了，不应该这么小气，你在外面工作挣钱不容易，我不应该每天赖床。”

“我可以自己热早餐，每天回家很晚，一定会吵到你的睡眠，你应该多休息一会儿。”

妻子也开始反省自己的行为。

这样，夫妻二人终于停止了争吵。从那之后，他们互相尊重、关心，彼此宽容体谅，更多地为对方着想，爱情更加深厚。

实际上，婚姻的失败通常不是由于大事引起的，而是由于日常琐事的摩擦和彼此缺乏包容性所导致的。

在婚姻中出现摩擦是不可避免的，因此互相体谅可以成为摩擦时的“润滑油”。在琐碎的生活中，夫妻能够相互体谅，必然会相亲相爱。只要互相体谅，即使发生再大的矛盾也可以心平气和地去沟通和解决。

人们通常用“情感银行”来形容婚姻，不懂婚姻之道的人通常会亏本，只有懂得经营婚姻的人才能获得婚姻的“幸福利息”，因为婚姻的利息就是体谅。

那么，夫妻双方该如何包容对方呢？才子认为可以通过以下四个方面来实现。

一、夫妻双方都要努力去改掉自己的不良性格

每个人都有独特的性格和个性。当单身时，我们可能不会深刻地意识到自己性格上的缺陷。但是，一旦结为夫妻，性格上的差异可能会严重影响生活质量。因此，夫妻应该切记：如果自己有一些不好的性格，比如爱唠叨、脾气暴躁等，为了自己和配偶的幸福，一定要努力克服这些不好的性格，并帮助配偶改掉不好的性格。尽管人们常说“江山易改，本性难移”，但我们相信，在双方的共同努力下，不好的性格是可以得到改进的。

二、努力去包容对方的性格

家庭生活是一门需要运用包容艺术的技巧。一对初识的男女在共同的屋檐下开始了共同的生活，两个人的生活方式、饮食起居、消费习惯等都有可能有所不同，因此夫妻双方难免会遇到一些摩擦和争执。当争执出现时，有人会妥协，但如果双方都不愿妥协，则会导致争执升级，最终双方都会受到

伤害。因此，幸福的家庭必须是夫妻双方成为妥协的高手。

如今，很多步入婚姻殿堂的年轻人都是独生子女，即使不是也大多数是在父母的呵护下成长，因此，许多人都有自己的小脾气和个性。在这种情况下，夫妻双方都应该用包容的心态去理解对方，相互包容，从而减少生活中的争吵和矛盾，使家庭生活更加和谐。

三、戒除不良的生活习惯

许多人在单身时会养成许多不良的生活习惯，用来打发时间和缓解寂寞。男性可能会整夜打游戏、抽烟喝酒、让屋子变得脏乱不堪；女性可能喜欢聊天、疯狂购物、坐在床上看肥皂剧吃零食等等。

然而，每个人的生活习惯都有自己的偏好，而这些偏好可能会影响到对方。因此，夫妻双方应该认真思考自己的生活习惯是否对对方造成了影响，并判断这些习惯是否健康。一旦发现有不良生活习惯，就应该下定决心去改掉它们，并养成健康良好的生活习惯。

四、尊重和包容对方的生活习惯

每个人都有独特的生活习惯，只要不会损害健康或违背原则，夫妻双方都应该以包容的心态去理解和尊重对方的生活方式，而不是试图强行改变对方以适应自己。学会包容配偶的性格和生活习惯，才能创造出和谐温馨的家庭生活。

两个人在一起应该珍惜对方，换位思考，多关心，少埋怨，多微笑，少冷漠。作为男性，应该体谅女性工作、照顾孩子、做家务的辛苦，尽可能帮忙做家务，多说温暖的话语。作为女性，应该体谅男性面临的压力，家是他的港湾，应该给予生活上的关照和精神上的支持，不要唠叨和抱怨，这只会增加男性的压力和负担，降低他的自信心。女性也不要过分敏感，如果男性不喜欢你，他当初为什么会想娶你呢？

夫妻之间需要相互包容才能共同携手走向未来。包容这个词虽然简单，但实际付诸行动时却非常具有挑战性。一首歌曲中这样唱道：“我能想到最浪漫的事，就是和你一起慢慢变老……”为了实现这样的愿景，夫妻之间需要相互理解、相互体谅、相互包容。这不仅可以增强彼此的信任感，还可以维护婚姻的稳定，同时也能让我们的心胸变得更加宽广。在互相包容的婚姻中，夫妻才能享受更多的快乐！

第二节　进入婚姻，需要改变自己的个性

有人曾说过：“婚姻不是简单的 1+1=2，而是 0.5+0.5=1。”这句话的意思是，传统观念认为婚姻是两个个体的结合，但如今每个人都很有个性，为了让婚姻长久维系，双方需要互相迁就一些个性，这样两个“0.5”才能凑成一个完美的“1”。

这句话说得很有道理。在大都市中，人们都崇尚个性和自由，每个人都有自己的想法、追求和目标。因此，当两个人走到一起时，难免会产生各种冲突。不理解就分手，追求速成婚姻的背后就是婚姻破裂。因此，大都市中的婚姻分手率和离婚率也越来越高。

在电视剧《爱情呼叫转移》中，出现了因为挤牙膏方式不同而引发的争吵和婚姻危机。同样的，生活中也有很多因为生活习惯、饮食口味等方面的不同而导致的矛盾和分歧，最终甚至可能演变成分手或离婚的局面。我们常常听到身边的人抱怨自己的另一半存在种种不足和缺点，同时也会想方设法试图让对方改变成自己所期望的理想人选。

才子知道，想改变另一半是因为爱他，如果没有爱，你可以轻易地放手，去寻找自己理想的对象。但是因为爱，你会注意到他生活中的每一个细节，关注他的一举一动，希望他变得更完美。但是，你是否知道，当你试图改变他时，拿他与其他出色的人比较时，他心中的自卑感会被唤醒，渐渐地蚕食他的自信心。当你看着被自己一手设计出来的“艺术品”却缺乏自信时，你会真正感到满意吗？

夫妻双方有不同的生活习惯和爱好，我们不能期望对方与自己完全一致。

没有人愿意活在别人的阴影下，因此当你试图改变对方时，也许正在把自己的婚姻推向悬崖。

许多夫妻离婚的原因是，一方试图让对方成为与自己生活习惯一致或符合自己期望的人，但由于对方不想活在别人的阴影下或不愿被改变，结果导致原本幸福的家庭破裂。一个好的婚姻需要在适当的时候舍弃自己的某些“个性”，以使对方感到舒适。

才子曾在《青年文摘》上读到一篇文章，讲述了一个男孩喜欢一个女孩的故事。初次见面时，男孩非常紧张，但女孩并没有对他有意思。为了缓解紧张的气氛，男孩对服务员说：“麻烦在咖啡里加些盐。”女孩对此感到惊讶，但后来两人终于结婚了。许多年后，男的临终前写了一封信给她：“原谅我一直欺骗你，还记得第一次请你喝咖啡吗？当时气氛很尴尬，我很难受也很紧张，说出了加盐的话，但实际上我并不加盐。但那一次的误会却让我喝了半辈子加盐的咖啡。有很多次，我想告诉你真相，但我害怕你会生气，更害怕你会因此离开我。”我们可能会因为去哪个餐厅或者买哪个牌子的家具而大吵大闹，而另一方面，有人则因为撒了一辈子的谎、喝了一辈子加盐的咖啡来维系感情和婚姻。

这让我突然想起了许多年前有人说的“对立养人”这句话。说的是两个截然不同的人走到一起反而更能保持感情稳定，因为他们被对方所吸引。而两个看似有共同爱好的人，比如都是某个行业的设计师，反而更容易因为设计理念不同而分道扬镳。两个都有棱角的人，就像两只长满刺的刺猬一样，只能相互望而不相互拥抱，因为会被对方身上的刺所伤。

提到这里，我想起了一个古老的传说：很久很久以前，世界上的人是两个头、四只手和四条腿的。后来，天神将他们分成两个完整的人，从此之后，人们开始寻找自己的另一半。这个传说与“0.5+0.5=1”有异曲同工之妙，“两个人，一世界”也是一句美妙的珠宝广告语。

才子很欣赏成功女性张晓梅说过的一句话：“这个世界，有两类人，一类是制定规则的人，一类是服从规则的人，通常两个制定规则的人在一起是没法生活的。”看看身边的单身贵族和离婚的人，是不是都是很有个性、不愿意妥协和牺牲的人呢？

因此，想要走向婚姻殿堂的男孩和女孩们，在走上红毯之前，需要做好消除个性的准备。这样，你们的婚姻就能少些摩擦，多些和谐。

我们通常因为对方的锋芒而被吸引，但也因此而受伤。因为个性而开始，也可能因为个性而结束。如果想要维系一段感情，你是否愿意放弃一些个性？也许这就是爱情的牺牲，婚姻的代价。

在才子学员中，有许多人都会遇到这样一个问题：总是试图改变对方而不是改变自己。学员小丽的来信中这样写道：自己和男朋友在一起三年了，男朋友之前在酒吧做后勤工作，现在辞职了并在找新工作，但小丽想让他改变职业方向。

才子认为，小丽对男友工作的担忧是合理的，也许她担心男友在酒吧工作的环境不太好。但是，试图为对方作出抉择其实是无济于事的。

爱是一种付出，是无私的，是关心、尊重和成就对方，而不是索取和控制。如果你想与某个人在一起，你需要接受他的好和坏，包容他的缺点，同时你也需要接受他的一些特质，这些特质是你可能一开始没有看到的。试图改变一个人，让他变成你想要的样子，这不是真正的爱，而是自私的表现。

当然，并不是说你必须完全接纳对方的个性，对于一些不好的方面，你可以学会一些方法去引导对方改变。简单来说，两个人在一起后，应该先放大彼此喜欢的方面，建立更强的吸引力。在建立了稳定的亲密关系之后，如果你想向他提出工作上的建议，你可以先试着理解他的立场并从实际情况出发，如果他在乎你，自然会好好考虑。这也就意味着，只有你在提供足够价值后，才有足够的筹码来协商。如果你的筹码不够却硬要求，只会降低你的谈判成功率。

第三节 理解，是维系感情的纽带

人与人需要理解：同事之间需要理解，上下级之间需要理解，夫妻之间更需要理解。夫妻是生活在一起时间最长的一种人际关系。父子会产生矛盾，母女会产生矛盾，兄弟姐妹会产生矛盾。夫妻来自不同的家庭、有着不同的遗传基因、有着不同的生活习惯、有着不同的爱好、有着不同的性格等，怎么会什么都能想到一起，说到一起，坐到一起，吃到一起，怎么会不发生矛盾呢？

让我们看看这一对夫妻的生活：

结婚十几年，磕磕绊绊，拉拉扯扯地过了大半辈子，回想起来，孟唐和老婆肖莉能走到今天真是不容易。

孟唐跟老婆不是自由恋爱走到一起的，当初因为孟唐母亲身体不好，怕看不到孟唐结婚，就逼着孟唐仓促把婚礼办了。结婚后，孟唐是怎么看也看不上肖莉，常常为自己的婚姻所懊恼。孟唐开了一个小超市，老婆不像别人的妻子那样能干，可以自己独当一面。让她照看店面，她笨手笨脚，不会拉拢生意；让她去进货，她没本事调货；后来生了孩子，让她专门在家里带孩子，她也带不好，孩子经常生病，一生病就送医院。

孩子还小时，好几次孟唐与妻子吵架，孟唐差点就跟她离婚了，后来想到孩子那么小，离婚了又苦了孩子，他们就一直将错就错地维持着夫妻关系。

上个月，孟唐因为胆结石必须到医院开刀做手术。儿子远在上海读大学，为了不让儿子担心，夫妻俩不敢告诉孩子。家里的重担一下全落在了她一个人的身上。进手术室前，她红着眼睛安慰孟唐说："不用担心，一切有我呢!"一句简单的话，让孟唐是既担心又非常感动。

做完手术出来，孟唐全身不能动弹，全靠她请的几个朋友把孟唐从手术室里抬出来。在医院的那几天，她不管白天黑夜，在医院里陪了孟唐整整三天。虽然孟唐平时没少给她气受，有时口不择言，说了很多伤害她的话，但在关键的时候，却是她不离不弃地照顾着孟唐。

孟唐现在回想起来，要是当初在徘徊的时候就放弃这段婚姻，也不会有今天的这个幸福的家了。

读了这一对夫妻的故事，让我们更加明白婚姻生活的矛盾性，如果处理不好会毁灭婚姻。婚姻生活的矛盾是普遍存在的，没有矛盾的婚姻是不存在的。没有矛盾就没有生活。既然我们知道矛盾是必然要产生的，我们就应该在婚姻生活中，多一些理解和宽容，使夫妻多一些恩爱的旋律。

那么，如何根据具体的生活矛盾，灵活地运用各种方法来解决矛盾，平息生活风波与摩擦呢？一般来说，有以下几种方法值得借鉴：

（1）充分了解爱人的性格、脾气、习惯、爱好等。时间久了，你就会"见怪不怪"习以为常了。

（2）求大同，存小异。相爱是一个求同趋近的过程，大方向的问题一致就行了，不能要求对方什么都和自己一致。这就需要我们发扬求同存异的生活作风，应该允许保持对方的生活特点与思想差异。

（3）给予对方"自由"。没有人喜欢自己的爱情如坠入"天罗地网"之中，而应在双方共同的活动之外，留给对方一些私人空间，允许对方保存并扩展个人的生活圈子。

（4）培养共同的爱好，使两人在一起感到既充实又快乐。

（5）经常交流感情，使对方有机会随时把不快、不满的想法说出来。避免积水成渊，一发而不可收。

（6）当对方下班回家后，没说几句话，就表现出很生气的样子，千万不要以为问题出在自己身上，认为对方生气是针对自己而马上接过话来。这时候，你应该冷静地多观察一会儿，然后试着了解事情的真相，之后再采取相应的办法加以解决。

（7）不要急切追问对方“为什么”，这样挑起话头，气会越发越大，可能会把“枪口”指向你。

（8）了解事情的来龙去脉后，不要喋喋不休地劝说，那样会使对方更烦。正确的方法是简单的安慰，让对方慢慢地平静下来。

（9）不要说带刺的话，也不要旁敲侧击，这等于火上浇油，火越烧越旺，就很难收场了。

（10）对他的一些并不过分的异常举动，比如在房间里抽烟走来走去，来回踱步，把电视机的声音放大，自己却坐在电视机前睡觉，在卧室穿衣入睡等，不要大加指责。如果可能，可以慢慢地说服并帮助其改正。

世界上没有完美的婚姻。哪对夫妻不是在磕磕碰碰中走过来的，长久的婚姻需要妥协，需要理解和包容，需要仔细审视自己，再以充满欣赏的目光注视陪伴你过着平淡日子的那个人。

在感情生活中很多男人会觉得自己的另一半不理解他，这时候其实会有一个同情心和同理心的错位。因为有时候你自己所认识到的理解并不是同理心，你只是用的同情心去看待事情，这会让对方感受到被歧视，甚至一种被攻击的感觉。

才子举个例子来说明同情心和同理心的区别。比如，你在街上看到一个乞丐蹲在角落里，如果是同情心你会站在那指着他说：“好可怜啊，他都没钱吃饭。”但如果是同理心你至少会蹲下来，而不是居高临下地去看他，甚至你还可能拍拍他的肩膀说：“你是不是饿了？”这种做法会让他感觉到你理解他。

在日常生活中，我们经常会遇到这样的场景，丈夫说“最近工作好累啊”，如果妻子用同情心会这样回答：“那你确实很累了，毕竟你一天上 18 个小时，我就只上 15 个小时。”这种对话一听就能感受到妻子带着的是自豪的语气，这样的同情心只是你同情他的遭遇和行为，但这是丈夫想要的吗？答案一定是否定的。如果带有同理心的妻子会这样回答：“老公，我能感觉到你最近挺累的，看你脸上都挺憔悴，我看着好心疼。”当然，还有一部分人可能会这样说：“你累吗？你没看到我更累吗？我每天上完班还得接孩子、做家务……”这其实是一种“没心”的回答。所以，我们在感情中千万不要做那个没心的人，我们需要被理解，同样也要能够理解到对方的感受才能维系感情的稳定。

第四节　宽容，能让家庭更加和睦

家，是人生的安乐窝；家，是人生的避风港。一个家庭想要“家和万事兴”，家庭里的成员必须要相互了解、相互体谅、相互尊重、相互包容。虽然学会忍让不是一件简单的事，但我们还是要忍让，因为忍让能为我们带来意想不到的收获。

曾经读到一篇文章：

一位漂亮姑娘，有一次刚上公交车，大腿被人偷偷地捏了一把，她怒不可遏，随手就给离自己最近的男子一巴掌。那男子挨打后一声不吭，用手捂着脸，姑娘余怒未消，又抡起手打去，那男子下意识地用手挡了一下，姑娘的戒指一下子飞了出去，小伙子捂着脸下车捡起戒指递给姑娘说：“小姐，发怒也别丢了戒指。”漂亮的女孩才知道错怪了男子，后来这位姑娘嫁给那位男士，因为她认为一位敢于宽容别人的人一定心宽开阔、疼爱妻子，懂得生活。

宽容能够赢得爱情，赢得婚姻。想一想在“围城”里忙忙碌碌、悲悲戚戚、欢欢喜喜的男男女女，夫妻之间不是也需要宽容吗？

但是现实生活中，我们常常看到许多夫妻常会为鸡毛蒜皮的小事吵得面红耳赤，非要吵出一个输赢。其实，夫妻之间的许多事情是不需要理由，也无法判断对错的。学会宽容，既给对方一次反思的空间，也给了自己一份快乐心情。

有这样一对夫妻，他们一路走来风风雨雨二十多年了，妻子说在这二十多年里我们也并非一帆风顺，恩爱如初的，我们是典型的包办婚姻，和丈夫结婚前我们只在订婚的时候见过一次面，婚前又交往了三个月，就这样托付了我的终生。结婚后才发现我们有那么多的不和谐，我们的脾气、性格是那样的不合，我们的爱好和追求是有那样的天壤之别，甚至我们在生活习惯上都是有那样大的差异。而还是两个小孩子的我们却又那么不合时宜地在年头结婚，在年底迎来爱情的结晶。我们虽然在各个方面有差异，但他可以称得上是个合格的丈夫，是一个好爸爸。我们的婚姻生活一路走过来有争吵，有不理解，甚至还闹过离婚。然而现在我们人到中年才发现对方在自己的生命中是那样的重要，我们相互支撑、相互理解、相互包容，相约要永远相伴到老。

世上没有两个完全性格和脾气相同的人，就算是有，你也未必遇得到，而两个新走到一起的人，有着不同的教育程度，有着完全不同的生活习惯，有着不相同的兴趣爱好，结婚便意味着原有的一切要全部打乱，新拥有的一切要慢慢地适应。

在婚姻生活中有许多的这样的男人，他们却常常以“人妻之长比妻之短”。有的妻子乐观豁达，性格外向，但在丈夫的眼中缺少了女人的温柔与妩媚；有的妻子寡言少语，性格温柔，但在丈夫的眼里缺少了浪漫与潇洒；有的妻子安心家庭，相夫教子，但在丈夫的眼中又缺少了学识与才华是一个上不了大雅之堂的家庭主妇；有的妻子满腹才华，事业有成，但在丈夫的眼中又缺少了当家理财的能力是一个不合格的妻子，他们总是在潜意识中拿自己的老婆和别人的老婆相比。

在婚姻生活中有许多这样的女人，她正依偎在丈夫温暖宽厚的胸膛上情意绵绵时，猛一回头，突然发现身边不少男人变了样，一个个洋房、汽车、名牌加身，似乎一夜之间发了大财。再看看身边自己的丈夫，一身简朴的行头，口袋里没有几张票子。再看看自己的家，陈旧得没有一点颜色。于是妻子们的心不平静了，抱怨的话语不绝于耳，让丈夫们苦不堪言，承受着妻子们的指责，都声称“活得太累。”所以离婚率居高不下，这都是不懂得相互欣赏和包容的结果。

有容乃大，仁者无敌。宽容是婚姻中的润滑剂，忍让是婚姻的黏合剂。可以说没有宽容与忍让就没有持久的婚姻。

第三章　相处之道，让爱情逐渐升温

人是感情动物，在相处一段时间之后，往往会产生感情。大多数人因为相爱而在一起，但有些人会因为相处不来而放弃爱情。在恋爱阶段，感情非常重要，但在结婚之后，相处能力变得更为重要。

第一节　过去的就让它过去

走进婚姻的夫妇，随着彼此之间距离的缩小，生活中的摩擦也逐渐增多。除了共同努力提高修养、增进理解和宽容，夫妻之间还需要学会“遗忘”，即懂得如何放下过去的矛盾和不愉快，向前看。

一、“遗忘”能使人达到一种心理平衡

如果我们能够“遗忘”对方的一些小毛病，这不仅是对对方的一种宽容和理解，也是对自己的一种解脱和释放。

每个人都有自己的情感世界和过去，这些是无法改变的。我们需要用一种理性的态度去面对，而不是把它们作为生活的负担。过去的不愉快经历会对我们产生伤害，也会让对方感到不必要的痛苦，最终会导致感情出现裂痕。因此，我们应该学会放下过去，珍惜当下的美好，以理解和宽容来维护彼此的关系。

小丽在搬家时偶然发现了丈夫过去的一本日记，了解到丈夫和前女友之间的一些事情，这让她陷入了沉思和痛苦之中。她开始频繁地询问丈夫过去

的事情，并不断重读日记，对丈夫的过去产生了强烈的不信任感，这使得她失去了安宁和工作的动力。尽管他们的孩子已经上小学了，小丽仍然不能原谅丈夫，但也不想离婚，这让他们互相折磨，使得丈夫也感到痛苦万分。

小丽过于执着于丈夫的过去，这种做法并不理智。过度追究过去的事情是愚蠢的行为，明智的做法是着眼于未来。女性常常喜欢把陈年旧账翻出来，但这并不是明智的做法。如果夫妻双方集中精力解决当前问题，矛盾就更容易解决了。因此，夫妻之间的争执应该着眼于当前问题，不要过分地追究过去的事情，这样可以给自己和对方足够的空间。

平平的举动展现了她的成熟和理智，她不会因为丈夫的过去而放弃他们的关系，而是更加坚定了她对丈夫的信任和爱。她接受了这个事实，并且没有让自己陷入猜疑和不安之中。相反，她主动与丈夫的旧情人建立友谊，表现出了一种宽容和大度。这种行为也让她的丈夫感到安心和放心，知道自己的过去不会影响他们的现在和未来。平平的做法告诉我们，真正的爱情不应该受到过去的阴影所困扰，而应该在坦诚和宽容的基础上建立起来。

我们不得不承认，平平是个聪明的女性。和丈夫的旧情人成为朋友，比猜测他们的旧恋情要好得多。两个曾经相爱的人无论因为何种原因分开，它们之间总会有一种难以表达的特殊情感。人们往往会记录下美好的瞬间，因此即使是痛苦的恋情也会变成值得回味的回忆。就像电影经常描绘得那样，一个人在 30 年后遇见初恋情人，仍会发生不少故事。如果想要保护自己的爱情，和对方的旧时情人成为朋友是一个比较好的选择，毕竟最危险的地方也是最安全的地方。

拥有才是最好的，不要陷入过去的阴影中。学会“遗忘”过去，这样不仅可以包容他人也有利于自己，从而会化干戈为玉帛。如何做到“遗忘”呢？

（1）有意识地遗忘，不让“烦恼记忆”反复出现。这需要理智和毅力支持。

（2）转移注意力。当情绪激动时，可以将注意力从“痛恨”的方面转向对方的优点，回忆彼此之间的爱情和甜蜜，改变对对方的看法。

（3）保持沉默。夫妻争吵时，一些不愉快的往事会自然地浮现。即使无法立刻忘记，也应保持沉默。因为冲动的“攻击”很容易伤害感情，而沉默则是解决问题的最佳方法。

二、婚姻也是需要善意的“谎言”

“用谎言去验证谎言，得到的只能是谎言。”

“一句话能成事，一句话能坏事，一句话能成就一个和谐的社会，你心里能不能阳光点啊？”

……

这是来自2010年春晚小品《一句话的事》中的婚姻谎言。2010年春节晚会结束后，出自郭冬临和牛莉表演的小品《一句话的事》中的诸多语录，开始成了流行语。一对小夫妻为了表忠心，相约用免提方式给彼此的朋友打电话测试，结果发现朋友都帮忙圆谎，原来生活中存在这么多善意的“谎言”。

幸福的婚姻需要用心经营。绝对的坦白并不能保证绝对的信任。婚姻的艺术需要运用理性的方法处理真相和谎言。一个常见的误区是认为夫妻之间必须完全坦诚，不能隐藏秘密。然而，毫无保留地说话可能会导致对方产生负面情绪，这种负面情绪如果累积起来，将会损害婚姻关系。因此，婚姻的艺术在于如何合理地处理真相和谎言。

比如，妻子向丈夫提起他以前的交往对象陈小姐，表示今天遇见她后发现陈小姐仍然很迷人。丈夫坦诚地回答道：“陈小姐本来就很迷人，她是那种难得一遇的女性，我想许多男人都会被她吸引。”他这样说是为了避免妻子误会他还对前任有情感，但却没有料到这样的话反而让妻子产生了猜疑和不安。妻子开始在心里琢磨：“他是不是还在想着以前的女友？难道我不够漂亮了吗？他们以后会不会再见面？”这些想法一直在妻子的心里挥之不去，导致她情绪不佳，常常生气，使得家庭氛围紧张。如果丈夫的回答是“我已经不记得她的长相了”或者是“她不及你美丽”，那么妻子的情绪就会完全不同。

在生活中，不要一味追求绝对的诚实，可以在某些特定的时间和场合，对某些想法和感受保持沉默或说一些小小的谎言。这样的谎言有时很轻易地说出口，有时需要仔细思考，但它们与真爱无关，与人格道德无关，也不会对家庭幸福产生负面影响。它们只是一种理性的手段，用来排除那些可能伤害彼此的言语，从而为婚姻关系营造出和谐的氛围。

许多婚姻专家主张，在真正爱对方的情况下，有时应该对一些特定的想法和感受保持秘而不宣，甚至需要撒些小小的谎言。那么，如何判断何时应该告诉所爱的人，何时不应该，以及如何说出来呢？以下是一些建议，可以帮助你明智地平衡爱情和诚实。

避免指出配偶的不可更改的缺点。例如，如果一位妻子的身材较矮，她问丈夫："你希望我像个身材高挑的女孩一样吗？"这是个不错的问题。但如果丈夫如实回答，那肯定会伤害妻子的感情，因为身高是天生的，无法改变。因此，丈夫可以修饰事实，以满足妻子的期望。他可以这样回答："如果我想找个高个子的人，我早就和那样的女人结婚了。事实上，我爱的是你的全部，而不仅仅是你的外表。"这种回答肯定会让妻子感到满意，因为丈夫强调了他更爱妻子的内在特质，而不是她的身高。

然而，对于那些可以改变的不良习惯或毛病，你应该告诉你的爱人，但要选择合适的时间和方式。不要当着别人的面指责对方，这会损害爱人的自尊心，引起不满；不要在亲密的时候说，这会破坏气氛，可能会伤害感情；也不要在对方情绪低落的时候说，这样只会雪上加霜；不要在两个人激烈争吵的时候说，因为在争吵时人容易变得冲动，这时指出对方的毛病只会使局面更加恶劣。在指出对方的缺点时，要表现出真诚的态度，让对方知道你关心 TA，是把 TA 视为一个亲密的人而说这些，而且要帮助 TA 改正。不要让对方误以为你是在挑剔 TA，或是你看不起 TA。

建议不要向配偶透露过去的恋情。女人通常喜欢问类似"我是不是你最爱的人"的问题。如果一位妻子问丈夫这个问题，而丈夫在她之前曾经有一个恋人，他非常爱她，但是由于车祸去世了，那么丈夫应该告诉妻子这个事实吗？专家们认为，丈夫不应该完全直说。因为这段感情已经成为过去，他的妻子也无法改变这个现实，透露实情只会影响她的心情。如果他不想说谎，他可以说："我现在最爱的人当然是你，你已经是我的妻子了。"他没有说谎，他的过去恋人已经去世了，在现在的人中，他最爱的是他的妻子。

有些话可能会让你感到内疚和压抑，你想向配偶坦白。如果这些话说出来能够减轻你的内心负担，而不会给你的配偶带来压力，那么你可以考虑说出来。但如果说出来会给你的配偶带来负担，你就需要权衡是否值得说，是否会伤害夫妻感情。如果这些话说出来既不能减轻你的负担，又会给配偶带来压力，那么最好保持缄默。例如，丈夫曾经有过一段秘密恋情，现在已结束，但他仍然感到内疚，他想向妻子坦白以求得宽恕。然而，一些专家认为，丈夫最好独自承受这份精神负担，或者寻求心理医生的帮助，因为将这个负担分给妻子是不明智的，也是不公平的。

保守秘密会导致隔阂和痛苦，但如果坦诚只是为了减轻自己的负担，而不考虑对配偶的影响，那么保持沉默可能是更负责任的表现。生活教会我们，对于那些“载入史册”的隐私，只要悔改并且不再犯，就没有必要公开揭露。

因此，问题不在于是否诚实，而在于诚实的时间、方式以及如何表达对配偶的爱。

其实，夫妻之间一点隐私，各自在心中保留一片绿洲，就可以在关系中保持一些神秘感，增加他们的吸引力，让婚姻更幸福、更充实。

正如一位外国心理学家所指出的，忠于某人需要谨慎、机智、保护、慈善、克制和敏感，这远比“说真话”这个简单的原则复杂得多。然而，谎言和秘密很容易在配偶之间制造距离和障碍。因此，处理婚姻问题最重要的是取得平衡。配偶双方应达到适当的“透明度”和“隐私”水平，以便在关系中保持某种神秘感并增加相互吸引。

配偶应该达到适当的“透明度”和“隐私”水平。善意的谎言无疑是理性的谎言，因为它们既是善意的，也是美丽的。

第二节　婚姻中要讲“求同存异”

有些夫妻在婚姻生活中存在着征服和被征服的问题，他们试图通过掌控对方来满足自己的需求，男方认为女方应该听从自己的命令，而女方则认为控制男方是她的权利。然而，这种行为只会加剧夫妻之间的痛苦和折磨，让他们越来越远离对方。相反，夫妻间应该尊重彼此的独立性，建立基于平等和相互支持的关系，这样才能使婚姻更加美满和幸福。

有人认为，在确定恋爱关系时，情感激情常常让人超乎想象。但随着时间的推移，激情逐渐转化为持久的平淡。如何保持这种平淡？

角色扮演是非常重要的。在婚姻中，角色扮演首先涉及夫妻双方之间的角色。例如，你们是传统的男主外、女主内，由妻子承担全部家务，还是更现代化一些，丈夫也应该做一些家务呢？这在开始时就需要明确。其次，涉及家庭角色的认知和适应。作为妻子、丈夫、媳妇、女婿等不同的角色，应承担不同的责任和义务。最后，要理解彼此的性格差异。男女之间由于性格差异和需求的不同，可能有不同的行为和表现，只有相互适应和容忍，才能找到生活的平衡点。

两个人结婚后，需要共同生活。然而，要把两个独立的个体融合到一起并不是一件容易的事情，需要相互耐心等待和适应。只有学会在平凡的日子里生活，才能创造出有趣而不乏新鲜感的婚姻生活。

即使强迫磨合，也很难让夫妻长久地走在同一条道路上。一个理想的婚姻是在生活上、精神上相互结合，求同存异，而不是相互干预和限制。

“求同存异”是指要尊重对方的个性、习惯、兴趣，不强迫对方改变自己，同时要包容接受对方的缺点和弱点，宽容对方的错误。在家庭问题咨询中心理咨询师发现，夫妻关系的纠纷通常从日常琐事开始。

小杨和小李是一对新婚夫妇，但是因为一些小事情而产生了不愉快。比如，双休日小杨想回她的娘家，但小李却不同意，因为他想先去看他的老爸。此外，小李喜欢吃辣椒，常常炒一些川菜，而小杨则喜欢吃清淡的粤菜，因此两人经常为此争吵。

如果夫妻双方能够尝试各自喜爱的活动，彼此体验对方的兴趣爱好，相信也会很有意思。不仅可以增加彼此的话题，还可以增强夫妻之间的感情。从做菜开始，也许可以引导双方更开放、更包容的心态，用同样的方式来处理其他问题。

中年夫妻老张和老王曾经被人们誉为是比翼双飞的一对高才生，但这些年来他们的生活并不是很愉快。老张表示：“为了这个家，我放弃了自己擅长的专业，选择了下海，赚取更多的钱以使我们的生活更加宽裕。不管是加班还是有事情，我总是打电话告诉她，可她总是对我不放心，怀疑我有外遇。如果这样继续下去，我们的婚姻迟早会失败！”老王则表示：“大家都羡慕我们，在国家级科研单位工作得不错，而且还有多次出国考察的机会，但他却想要下海尝试当一名富豪，享受红酒绿灯的生活，这不是在嫌弃我老了吗？”

一个家庭可以实行“一家两制”，这与国家可以实行“一国两制”一样。现在大部分夫妻都是通过自由恋爱结合在一起的，婚前的相互了解能够正确地评估一个人的基本素质。因此，婚姻基础有了保障后，关键就在于婚后如何相互适应和协调。如果夫妻双方能够遵循“求同存异”的原则，就不会因为一些小事而争吵，也不会影响到夫妻之间的感情。

在我们的日常生活中，夫妻之间产生的不愉快事件往往源于不同的思想、观点和生活方式。如果我们能够多一些宽容，多站在对方的角度上思考问题，夫妻关系就会更加融洽，家庭也会更加幸福。

独立和自由是衡量一个人幸福程度的最基本要素。在夫妻关系中，是否相同并不重要，关键在于承认个体差异。在国际上，“求同存异”是普遍认同的原则，夫妻关系也应该秉持“求同存异”的态度。

学员梅芳给我发了这样的信息：“我和丈夫性格差异大，我一直努力去改变自己去适应他，但是一直没有成功。现在孩子都7岁了还是没有达到融洽的状态。我现在也不知道该怎么办了。”

才子认为，有时候当你感到无所适从时，可能是因为你还没有探索过新的领域。不要一直沉浸在目前的难题中，你可以通过学习新的知识来提升自己，打开新的世界。就像进入学校才能明白为什么“1+1=2”一样，学习是解决困惑的关键。所以，不要放弃学习，它能让你找到前进的方向。

当你面对无法解决的难题时，可能是因为当前的自己还不能解决它，但当你通过学习和成长，理解相关的逻辑之后，这些难题就可能自然而然地得到解决。性格差异大在夫妻关系中是很常见的，我们需要从自己做起，建立在“相似的个性、互补的需求”基础上的良好关系。我们无法找到一个与自己完全相同的人，因此性格差异大并不代表问题，只要学会尊重差异，允许它们存在，就能享受美好的生活。如果过于关注对方并试图控制对方，自己也会变得很累。

因此，当你遇到问题无法解决时，应该去过好自己的生活，许多事情并不一定是相互冲突的。如果你试图改变自己或对方，但没有成功，可能是因为出现了这两种情况：一是改变不对，二是没有坚持。

第三节　信任，构建幸福婚姻的基础

人们在走进围城时无不渴望自己的婚姻完美而持久。可是现代人的婚姻越来越像瓷器，精美而脆弱，一不小心就摔得粉碎。目睹破碎的婚姻越多，对婚姻就越没信心。对婚姻越没信心，越容易导致婚姻的终结。那么，怎样才能得到幸福的婚姻呢？

信任是幸福婚姻的前提，也是幸福婚姻的基础。夫妻之间一旦缺少了基本的信任，家庭裂痕也就出现了。所以，夫妻双方一定要相互信任。

一、信任是婚姻稳固的基石

有这样一个笑话，说的是有一对夫妇，他们的心胸很狭窄，总爱为一点小事争吵不休。有一天，妻子做了几样好菜，想到如果再来点酒助兴就更好了。于是她就拿瓢到酒缸里去取酒。

妻子探头朝缸里一看，瞧见了酒中倒映着的自己的影子。她也没细看，一见缸中有个女人，就以为是丈夫对自己不忠，偷着把女人带回家来藏在缸里。嫉妒和愤怒一下子冲昏了她的头脑，她想都没想就大喊起来："喂，你这个混蛋死鬼，竟然敢瞒着我偷偷把别的女人藏在缸里面。你快过来看看，看你还有什么话说！"

丈夫听了糊里糊涂的，不知道发生了什么事情，赶紧跑过来往缸里瞧，看见的却是自己的影子。他一见是个男人，也不由分说地骂起来："你这个坏婆娘，明明是你领了别的男人回家，暗地里把他藏在酒缸里面，反而诬陷我，你到底安的是什么心！"

"好啊，你还有理了！"妻子又探头往缸里看，见还是先前的那个女人，以为是丈夫故意戏弄她，不由勃然大怒，指着丈夫说："你以为我是什么人，是任凭你哄骗的吗？你，你太对不起我了……"妻子越骂越气，举起手中的水瓢就向丈夫扔过去。

丈夫侧身一闪躲开了，见妻子不仅无理取闹还打自己，也不甘示弱，于是还了妻子一个耳光。这下可不得了，两人打成一团，闹得不可开交。

最后闹到了官府，官老爷听完夫妻二人的话，心里顿时明白了大半，就吩咐手下把缸打破。一个侍卫抡起大锤，一锤下去，葡萄酒从被砸破的大洞汩汩流了出来。不一会儿，酒流光了，缸里也就没有人影了。

夫妻二人这才明白他们嫉妒的只不过是自己的影子而已，心里很是羞惭，于是就互相道歉，又和好如初了。

还有这样一个笑话，说得也是同样的意思。有个女贼入室偷盗，正要得手，女主人外出归来。女贼来不及逃走，索性大方地坐在客厅的沙发上，来了个反客为主，质问女主人："你是谁？"在女主人惊诧之时，她又荡笑着诘问道："哈，我晓得了，你是这家男主人的另一个相好吧？"女主人一听，马上气得犯晕，操起东西就追打女贼，让她滚。女贼轻松逃脱后，打电话回来挖苦女主人说："我用这招已经屡次得手了。怪事呀，世上居然有这么多傻女人不相信自己的丈夫！"女主人恍然大悟，继而惭愧不已：丈夫平日也只是在外寒暄多点罢了，也没做什么出格的事，我怎么就在关键时刻不信任丈夫了呢？

这些也许只是笑话，却暴露出夫妻之间缺乏信任的现实。其实，在婚姻生活中，这种缺乏信任的现象并不少见。在现实生活当中，我们经常会看到很多夫妻不信任的情景。

妻子收到了一条短信，丈夫想，是谁发来的？妻子与老同学聚会，丈夫怀疑妻子精神出轨；丈夫晚回来几个小时，妻子怀疑丈夫在外面是不是有了情人；妻子老家来人，丈夫怀疑妻子偷偷地给老家人钱；妻子与前男友见面，丈夫怀疑旧情复发；丈夫出差在外，妻子怀疑丈夫行为不勒……因为这些无端的怀疑，搞得自己很累、很痛苦，甚至因此做出愚蠢的事来，最终把自己本来应该很幸福的婚姻亲手毁掉，闹得自己和亲人痛苦不堪。

曾记得一位女作家说过这样一句话：信任是心灵相通的桥梁，是家庭稳定的纽带，是化恶为善的基石。

有一对夫妇结婚多年，妻子还和她的初恋情人有书信往来，丈夫虽为此吃醋，但从未干涉过妻子怀旧的空间，他相信自己的妻子。一次，丈夫无意中得知妻子的初恋情人来到本地，邀请妻子到他下榻的宾馆叙旧。丈夫便问妻子，妻子实言相告，并征求丈夫的意见。丈夫叫妻子放心地去，并亲自开车把她送到宾馆门口。她在初恋情人面前坦承了丈夫的信任、理解和希望，两人也只是保持了一份纯真的友谊。

二、信任是生活的基本态度

同样，在婚姻关系中，你们首先要信任你们的配偶是忠诚的、是爱自己的。信任，可以让你永远保持清醒的头脑，免受外来因素的干扰与侵袭，同时也充分地保障着婚姻的稳固坚实。试想，夫妻之间如果连最根本的信任都不存在了，还谈得上什么真爱？没有真爱的婚姻又怎么会稳固。信任是基石，宽容是相处之道，猜疑只会损害我们的婚姻。

在婚姻中，信任是一棵树，它需要你为它疗伤、浇水……需要你精心爱护才能越长越大。而你的努力所得到的回报，就是爱情的花朵和幸福的果实。

有个女人说，她深爱自己的丈夫，到了爱不释手的地步——她真的是从不放开丈夫的手。除了上班，她一分钟也不愿意丈夫离开自己的身边。她的丈夫说："我如果在同楼的朋友处聊上20分钟，她就会来拉我回家。我如果和其他女性说3句话，她就会哭3个小时。"这位妻子则说："只要他不在我眼前，我就会特别担心。我会想象他和别的女人在一起。如果他说找朋友一起去踢球，我就怕他是骗我。他说让我信任他，我也真的想信任他。我知道他爱我，我也从来没有发现过他对我说假话，但我就是摆脱不了那个担心。你不知道，当我看到他与来访的女同学谈得那么高兴，我心里有多难过。"

信任像一棵树，嫉妒就是这棵树的伤病。有的伤是在树的根上，也就是说，有些人不信任配偶是因为自己性格中的缺陷。这是一些不自信的人，他们总觉得自己不如爱人有魅力，不如爱人聪明能干，不如爱人有名声，因而他们总担心爱人会成为仅是"我爱的人"，而不再是"爱我的人"。还有一些是占有欲强的人，他们认为爱人是自己所有，爱人的所有生活都应该是为自己的。前一种的伤较好医治，只要告诉自己"他和我结婚就说明我值得他爱"，就可使受伤的树根复壮。而后种伤医治起来则比较困难，必须脱胎换骨。

如果婚姻中的男女都理解相互信任的重要性，学会不随意对对方起疑心，给对方多一些信任，多给对方一些空间，懂得给对方空间就等于给自己自由，给予别人信任就等于自信和豁达，就会让婚姻得到很好的保护。

不要盘问太多，也不要猜测太多，把怀疑对方、过分紧张对方的时间，用在提升自己身上吧。爱他，就要信任他，给予适当的爱，也尊重对方有个性，尊重每个人的心灵空间。夫妻之间，哪怕再亲密，也要给对方留一片自留地。换一种角度思维，懂得信任是爱情永恒的主题。要知道，爱情的牢固，有时候仅仅是因为信任。

三、相互了解，不要故意隐瞒

“亲爱的，你的月收入有多少？”

每当问到这个，他都是那套话：“这怎么说呢？又不是挣工资的，有时赔有时赚，没有固定的数。”

“那大概是多少？”

“哪有大概，现在我是负收入。”梅觉得，既然丈夫不爱说明收入状况，她也就懒得问了。

“老婆，我觉得你该把私房钱给我，我们是一体的，钱就放在一起花吧。”听到这话，梅气得半死。“你不会还想要花我的吧？”

“什么你的我的，都是为了家嘛。最近公司需要投入很多资金，我想你也该承担点家用吧。”

“我没有存款，唯一那点已经当嫁妆给你了。”

老公的脸色变得难看起来：“你真是太不理解我了。每月的人工、房租等开销最少 8 万，这几个月又是淡季，怎么就不能帮我减轻负担呢？”梅一字一句：“我真的没有。”

他们结婚的原因应该是相爱吧，但是双方隐瞒的经济状况却成了一个最大的隔阂，让彼此感觉不满。她从来没想过要侵吞他的财产，只是觉得他对她的隐瞒一定是建立在某种不信任的基础上，如果这样，他们为什么结婚，她想不通。他也希望自己的妻子掌管家里的财权，可是他最近财政确实紧张，希望能从她那儿得到一些援助却屡屡被噎，其实他早见过她的抽屉里有一个 15 万元的存折。

这对夫妻的矛盾在于缺乏沟通。其实每个人的想法都是有道理的，但是一味地在心里抱怨，而不对真实想法进行交流，难免会影响感情。钱本不是问题，但是和感情联系在一起事情就大了。在很多夫妇之间都存在私房钱这个敏感点，也许是大家都缺乏安全感，自然也就缺乏信任。

不少爱情电影都会设置这么一个环节：当男女主角沐浴爱河时，女主角不经意地发现爱人对自己有所隐瞒或骗了自己，顿时伤心欲绝。这应验了著名的墨菲爱情法则："秘密造就了爱情，也会毁了爱情。对于前者，它使彼此的优点被放大；对于后者，越想保守某个秘密，它就越可能出现。"

好莱坞大片《史密斯夫妇》以大手笔的打斗镜头吸引了观众。一对般配的夫妇，一起生活了七年，居然不了解彼此的杀手身份，这看起来有点离奇。但两个人分别找心理医生咨询，觉得自己苦恼于对方的神秘，无法有效沟通的情节倒是很生活化。

其实我们身边也有些"始密私"夫妇，各自保守着属于自己的秘密，不过秘密一旦被公开，生活本身可能比戏剧还精彩。

婚姻咨询师米拉指出："如果某件事可能影响夫妻生活，那对方就有权了解。"他补充说，有没有偿清的债务、慢性疾病、过去遭受的性或感情方面的问题、在恋爱中撒的小谎，以及目前面临的一些重要抉择，如公司裁员等，都是夫妻间应该认真交流的话题。如果这些秘密意外暴露，可能会使婚姻面临双重打击：第一重是真相曝光时对彼此的冲击；第二重是由此带来的背叛与不信任。

然而，有些秘密纯属个人隐私或喜好，就可以不说。例如，妻子赚了些外快，可以不用向丈夫汇报；丈夫浏览成人网站或翻看成人杂志，也未必都要告诉妻子。

"我家族里曾有亲人患有精神分裂症，但直系亲属都没有。这件事我一直不敢告诉相亲对象。我们俩交往了半年，各方面都比较满意，但我怕他知道后会觉得我也有遗传的可能，不肯和我结婚。"

在遇到类似问题时，我们该怎么办？坦白是应该，可是坦白的结果又怎样呢？这需要双方在互相了解，相互坦白秘密时掌握一定的技巧。若掌握不好，很可能会"好心办坏事"。通常来说，有这样四个注意事项：

（1）别搞突然袭击。可以先和对方定个约会，比如："我有些重要的事想告诉你，今晚能找时间聊聊吗？"

（2）挑选合适的场合。最好找一个安全、中性的场所，如书房或安静的公园。

（3）做好道歉的准备。正确的态度应该是上来先说“对不起”，然后再强调“这些事我很早以前就该告诉你了，但我一直羞于那样做，希望你能原谅我”。如果需要，还可请彼此都信任的朋友或婚姻咨询师在场。

（4）坦白时不必透露过多细节，否则会在伴侣的脑海里留下不易清除的图像，对彼此的感情无益。

总之，隐瞒对爱人来说是不公平的，但有时坦白的滋味也没好到哪儿去。夫妇之间有秘密恐怕是个普遍的现实，因为坦白秘密的方式不同，所以后果也各不相同。总之，夫妻之间虽然要相互了解，但也要注意坦白秘密的方式。

四、妥善处理那段过去

“我跟前女友恋爱9年，最终没能走到一起。现在我结婚了，日子过得挺好的。但还是会想起前女友，熟人说起她的时候，会忍不住跟别人打听她的现况。我不是没有责任感的人，当妻子问我现在是不是只爱她的时候，我很有愧疚感。”

“已经结婚好几年了，孩子都有了，我觉得挺幸福的。有时候老婆上网看了别人的故事也会问我，还有什么过去该扔的没扔。我都转移话题，其实我还留着和初恋女友的信。我也不是还想着她，那些信我也不看，但就是舍不得扔。”

夫妻是一种特殊的亲密关系。正是由于这种特殊，给“秘密”的存在创造了一种环境。夫妻间，有些事说了可能会伤及感情，轻则争吵，重则离婚。不说，又可能产生诚信危机。对此，我们应该如何看待呢？

妻子：“说说你的初恋吧！”

丈夫：“不就是你嘛！”

妻子：“不是隔壁班级的班花吗！”

丈夫：“没有的事！”

妻子：“她漂亮还是我漂亮？”

丈夫：“你。”

妻子："真的？"

丈夫："真的。她脸上不是有斑点嘛，没有你好看。"

妻子："那她后来不是去掉了吗？"

丈夫："那也是你好看。"

妻子："我不相信。你就敷衍我吧！她不漂亮你还能留着她们班级的照片？"

可以猜测得到，这对夫妻最后的谈话一定是以妻子的抱怨做结尾的。结婚的男人不愿意谈论从前的恋人，妻子若是聪明就应该把握现在，而不是一个劲儿地追问过去的事。

还有这样的男人：你跟我交往以前，不是曾经爱过一个男人吗？他是怎样的人？从事什么职业？那是多久以前的事了？你俩"好"到什么程度？

每逢到这种时候，有些男人只是大略地问问。不过，有一部分男人会穷追不舍地问个没完，他会像一条蛇似的缠着你。你告诉他一件事后，他会再追问一个。你回答后，他会再提出第三个问题……如此这般，对你展开疲劳轰炸。

从上面所举的例子推测，你可能觉得不告诉他最好。其实，最理想的情况是把一切都坦白地告诉他，待他完全了解后，再跟他结婚。不过话说回来，现实是无法尽如人意的。有一些男人听到你的告白后，将拂袖而去。

如此一来，你不是功亏一篑了吗？就算他当时不计较，过了几年后，如果找你算老账的话，你还会经历一些痛苦。有的男人在表面上都说得冠冕堂皇，说“我不会跟你计较那些……”以致逼得你把芝麻小事都“抖”了出来。不过，到了他醉醺醺时或者感到不受用时，他就会提起这些事情，向你兴师问罪。由此看来，还是不要对他太坦白为妙，否则的话，他将变成一颗“不定时的炸弹”，不知何时会炸开。

遇到男人的“拷问”时，你可以装成羞答答的样子对他说——“……你是我第一个真正爱上的男人！”不过，话又说回来，最好还是应该努力做一个不在乎对方过去，不拷问对方过去的人。有句话说得好，成熟的人不问过去，聪明的人不问现在，豁达的人不问未来。处在爱中的人们，应该信任，不能猜疑；应该宽容，不能苛求。

既然爱，就应该给对方一个宽松的环境。既然爱，就为对方保留一份过去，保留一份尊严，连同对方的秘密一起去爱。过去了的事情即使问了也没有用，如果对方认为需要告诉你，他自己会说的。倘若他不想说，你即便是一再追问，他也不愿意回答，说不定还会用谎言来欺骗你。所以，把对方的秘密放在风里，而不是在心中，彼此都会感觉到轻松。况且，既然两个人走到一起，就不要再为以前的事情烦恼。

五、话不说不明，不留猜疑和误会

生活中总有些事是巧合，于是让爱人产生了猜忌和误解。一个聪明的人，一个真正懂爱的人，会在这个时候给爱人一个安心的解释，而不是固执地抱着“你不可猜疑我”的心态离爱人远去。话不说不明，理不说不清。为了婚姻的巩固，一定要解释清楚，不留猜忌和误会。

今年 29 岁的肖女士有个比她大 5 岁的丈夫。丈夫是一个称职的父亲，也是一个负责任的男人，但他经常怀疑妻子与前男友有瓜葛。这次，因看到肖女士前男友发的一条告白短信，他就离家，去单位宿舍住了 5 天。肖女士不知如何是好。

5 天前的上午，肖女士突然收到前男友的短信。他说要出差来本地，问肖女士能否见他一面。肖女士回绝了他。晚上，他又发来一条短信：你是我唯一爱过的女人。肖女士苦笑，心已波澜不惊。这次，肖女士没回复他，但也没删掉短信，把手机随手放到了电脑前。

大约 1 个小时后，肖女士刚把女儿哄睡。丈夫突然拿着她的手机冲过来，质问这是怎么回事。在他咆哮如雷、恶语相向的凛冽攻势下，一切解释都是徒劳。丈夫发泄完怒火，就夺门而出。

夫妻间的感情必须建立在相互信任、相互尊重、相互了解的基础上，而猜疑恰恰违背了这些原则，成为夫妻真挚情感的杀手。因此，不要动不动就以为爱人有了外遇，要给爱人足够的信任，克服猜疑的心理，保持健康的心态。而被误解的一方，也要充分理解对方的心情，及时做出解释，这对于维护家庭幸福是十分重要的。

夫妻之间有所猜忌、误会在所难免，关键要看当事人怎么去看待和处理。如果能冷静下来思考问题，把话说清楚，并对爱人多一些宽容，也许就不会有矛盾，夫妻间也不会产生隔阂。反之，一段美好的姻缘也可能因为一方过度的猜疑和多心而走向破裂，也让成就一时的佳话成为永久的遗恨。

兵和妻子结婚 3 年，感情一向不错，不过最近他却和妻子闹起了别扭。原来前段时间，单位派他和一个女同事出差。在一处风景名胜前，两人照了张合影。出差回来后，这位老兄便将照片放在了抽屉里，后被妻子看到，妻子当然不高兴，就追问他缘由。面对妻子的质疑，他也有点恼了，甩出一句“爱我，你就相信我”之后便不再解释，两人的矛盾随之升级。

原来那个女同事一直对他有好感，那张合影照也是在她的一再要求下，他不忍拒绝才答应的，没想到却惹来妻子的猜疑，兵觉得自己很委屈。兵的朋友开导他："你的妻子可完全不知道内情。婚姻里是需要相互信任，可是很多时候，生活里的巧合与误会太多了，她看到的只是表面现象，而你又不解释，当然会影响你们的感情。"兵听了若有所思。没过多久，他和妻子相依相伴的甜蜜身影又一如既往了。

生活当中像兵这样的例子着实不少。很多人固执地信奉一点：爱，就要相互信任、互不猜疑。可是这话不能理解得那么绝对。爱一个人，就会变得对他的一切异常敏感、在意，即使一个人再理智，但在心爱的人面前，也不可能总拿一颗平常心来对待。更何况生活是多么复杂。这个社会充满了诱惑，你又怎么能保证你所做的一切都不会令人产生一点曲解和误会呢？

婚姻的维系，是基于爱的信任。所以，不要让对方产生误解，要告诉对方自己真实的想法和意图。要知道，夫妻之间最忌讳的就是猜疑与误会，把话说清楚，一切就都雨过天晴了。

六、夫妻重建信任的几个步骤

背叛是对婚姻深刻而又致命的冲击。如何弥合伤痕，对夫妻来说是一个巨大的考验。犯了错误，就是掉进了泥潭。如果不想办法爬出来，那就等于永远把自己置于一个比对方低的位置，如何能像以前一样平等对话、平等相处？明智的做法是，为自己所犯的错误负责，然后以积极的努力向其证明：我仍然是爱他的，我仍然值得他爱并且信任。

虽然生活可以回到从前，但是需要夫妻双方的共同努力。虽然一方是犯错误的，但对方应该拿出宽容的态度。犯了错，不能被动地等待对方来宽恕，而是应该拿出诚恳、积极的行动来重新获得对方的信任，努力恢复受到重创的夫妻感情。

一般来说，犯错方应该做到的第一步就是真诚地道歉并请求原谅。你做错了事，伤害了对方，就必须降低姿态，主动地承认错误，而不是让对方逼着你坦白，这会强化对方的愤怒感。你需要以谦卑的态度向对方道歉："对不起，是我错了，请原谅我。"真诚的道歉确认了伴侣的痛苦，请求原谅表明了你对这件事的态度，这都是宽容的前提。

道歉之后，就要有勇气正视这个问题。如果要重新站在平地上和伴侣对话，你就必须从犯错的坑里跳出来。此时，伴侣可以拉你一把，但你自己必须要有积极的态度。

接下来就是主动承担责任。承担责任不仅仅是口头上的表态，还需要有所行动。当受伤害方看到你在尽全力地弥补时，他的信任感也会增加，他会得到一些安慰：事情不会完美，但真的在变好。

除此之外，就要做一些积极的努力。这个步骤有助于你做出补偿。当你默默地为对方做些什么时，不是因为你欠对方的，而是你想证明自己重建美好关系的渴望，这是良好意愿的表现。

面对犯错方的行动，接纳方应该做到的第一步是缓解自己的情绪，要认识到任何事情的发生都有它存在的理由，相信你的配偶犯错一定是事出有因，并且我们也没有能力让发生的事情重新改写。毕竟，现实是不可以改变的，能改变的只能是我们自己的认识。所以，不要陷在犯错的处境里，要改变一下自己的环境，比如说去运动、休闲、旅游、工作和学习以分散精力，缓解情绪。

第二步就是要倾诉和沟通，跟你信任的人进行倾诉，化解你不良的焦虑和压抑情绪，寻求合适的机会与迷失的配偶沟通，尽量让迷失的配偶讲出自己的心里话。其实这是个很好的机会，是消除夫妻之间长期积怨和矛盾的好时机。如果可能、有条件的话，还可以去寻求婚姻心理咨询师的帮助和辅导。

第三步是要理性、冷静地分析自己的婚姻和配偶，看你们之间是否还有感情？是否还有责任？是否还有忍耐和包容？是否还有爱？问问自己未来的婚姻双方是否能够彼此给予和满足？

第四步则是要反省自己在婚姻中的缺点和沟通障碍，看看自己是否也没有满足对方的需求，你想在婚姻中得到什么？你能给予对方什么？你所给予的是不是对方想要的？与自己的配偶交流彼此的需要，并以积极的心态去应对。要意识到，配偶有了外遇可能说明自己在婚姻生活中还有对方不满意的地方，所以要努力地去回应对方的需求，让对方在你的爱里找回迷失的自我。

最关键的一步就是要重建自信，重塑自尊，比如说在外表上多注意形象，给对方一个愉悦的感觉。多给自己一点空间和时间去学习、去交往、去工作，增加自己的魅力，加强自身的修养。要知道，只有自信才可以信人，只有自尊才可以尊重人，自我素养提高了，以后就不会犯类似的错误了。

婚姻中出现了问题，无论在什么层面上，问题的根源都在婚姻本身。这个根源或者是被忽视了，或者是已经有了表现而没有得到及时地调整。俗话说，一个巴掌拍不响。夫妻俩不管是哪一方出轨，都是有原因的，另一方都应该想一想自己的问题究竟在哪儿。

至于婚姻的问题究竟出在哪里？每一个婚姻都会有它独特的原因。对于经历了波折又恢复了原有的婚姻状态的婚姻来说，找到原因就更加重要了，因为这个插曲不仅是你们两人情感坚固程度的试金石，更是你们能否继续走下去的中转站。“回到过去”不如“新的开始”。前者是不变，是继续所有产生问题的可能；后者是变化，是改变过去产生问题的模式，使婚姻更加成熟。

最后需要强调的是，信任并不是一天建立起来的，需要时间与过程。你可能会觉得痛苦，但分手也是痛苦的。所以，不到万不得已，最好不要彼此分开。

总之，婚姻是一门艺术，也是一门学问，是我们人生中最大的一门功课。当你已经接受了对方的忏悔，两个人真心地打算继续彼此的婚姻，那就要学好婚姻这门艺术。用自己的坦诚，一份升华的爱使原本已经裂开的伤痕得以愈合。

七、给对方一个爱的承诺

男人和女人结婚5年了,5年的生活简单平凡。在添了一个可爱的女儿后,男人和女人更加尽心地做着自己的事情。男人在单位工资一涨再涨,女人把家里收拾得井井有条。朋友来家里了,男人的朋友会说,男人娶了一个贤惠的好老婆,女人的朋友则说女人嫁了一个优秀的好老公。听大家如此议论,男人和女人总是会看一眼对方,相视一笑。

想起刚结婚那阵儿,为了一丁点儿小事,两个人各有各的理,谁也不愿意让着谁,讲不通了便会吵架,到后来愈演愈烈,直至发展到动手,好像两只发怒的小刺猬,竖起满身尖硬的刺儿,要扎痛彼此才肯罢手。在经历了无数个吵架的无眠夜后,绝望的女人决定和男人离婚,男人想:摊上这样的混账老婆,还怎么往下过。没劲。女人却更加委屈:原本以为这辈子找到了一个温暖的依靠,可谁知道生活竟然跟自己开了一个玩笑!

那天晚上,女人一个人待在卧室,男人则在沙发上一直躺到天亮。第二天,就在他们走在去民政局的路上时,女人突然晕倒了。男人愣了一下,然后发疯般地把女人送进路边的医院。大夫做完检查后,告诉男人:女人怀孕了。女人身子太虚弱,而且伴有轻度贫血,需要观察几个小时……男人听到这里惊呆了。他坐在病床前,看着躺在床上面色苍白的女人,不禁深深自责起来。

记得女人当初和自己这个外地人交往时,她的父母并不愿意,而且百般阻挠。女人义无反顾地搬离从小到大生活的家,拿着户口本,带着身份证和他偷偷领了结婚证。结婚当天,生气的娘家人没有到场祝福,女人满脸泪花挽着男人的胳膊走过红地毯。男人忽然想起,那天,看着婚纱下女人泪若梨花的脸,自己曾暗暗发誓,这辈子一定要对女人好——可什么时候开始,自己竟然忘了这份爱的承诺……想到这,男人的泪流了下来。

女人醒了,她看着泪流满面的男人:“对不起,我不应该和你提离婚的,我……”

“不!”男人一只手轻轻捂住女人的嘴,另一只手紧紧地握住女人柔弱的双手,“是我错了!我曾经对自己讲过要一辈子对你好的,我竟然忘了,对不起……”

听男人这样讲，女人舒心地笑了：“结婚那天，我也对自己讲要一辈子和你好好的，我也忘了。对不起，亲爱的。”

听女人喊自己“亲爱的”，男人的心再次颤抖起来——以前，都是自己喊女人“亲爱的”。他的泪再次涌出来：“是的！亲爱的，一辈子好好的，我和你，还有我们的孩子！”

一辈子好好的，这是一句多么宝贵的爱的承诺。女人轻轻念着这句话，瞬间，泪如泉涌，但很快就笑逐颜开。

给爱一个承诺，就像给露珠一抹阳光，给花朵一缕清风。就像男人和女人一样，在经历了风雨之后，生活终将会带给你绚丽的彩虹和甜蜜的芬芳。给对方一个承诺，就是给对方一份安全感。安全感是人的基本需求，而对婚姻长期性的安全感来自夫妻双方爱的承诺。在有安全感的婚姻里，夫妻双方才会放心地投入感情，全心全意地奉献。如果没有爱的承诺，夫妻双方更看重的就是眼前即刻的回报，囿于斤斤计较，苛责抑怨。

杰的妻子在一次车祸中丧生，年幼的女儿无人照顾。在亲友的撮合下，杰将为他家服务多年的保姆秀娶进了门。

秀对这位男主人也颇有好感。作为主、雇，他们的关系一直处理得很好，可是一成了夫妻，他们就开始不断地争吵，特别是秀，一改以前的温顺、贤惠，变得非常敏感、尖酸、挑剔。杰对此很苦恼。

元旦，杰的单位举办活动，要求带家属参加。在活动中，杰参与了一个游戏：给爱人写一句情话。杰顺手写下：愿意和你白头偕老，相伴永远。主持人将这张字条送给了秀。令杰奇怪的是，自从这个晚会之后，秀的态度大变，对杰特别细致、温柔。

一个偶然的机会，杰发现了秀的秘密：她将那张他顺手写下的字条宝贝似的珍藏着。杰便问她，秀说道："你以前从来没对我说过关于我们未来的话，我不知道你心里到底是怎么想的。当我明白了你愿意和我相守的心思后，我心里才有了一种安全感。"

由此看来，承诺是送给爱人的最好礼物。给他一句承诺，让他知道，不论贫穷还是富有，不论健康还是生病，你都会永远和他在一起。这会让他感到安全，从而全身心地投入婚姻。

承诺是一种责任，一种义务，意味着一句古话"言必行，行必果"。有人说，承诺是夫妻关系的黏合剂，它能让双方明白——我们是否可以彼此信赖、互相支持，直到永远。承诺的性质和深度会影响夫妻双方在婚姻生活中是全心全意还是斤斤计较，而给爱一个承诺，这不仅是给对方一颗定心丸，同时也是给自己一个提醒：我必须和他在一起，不会再有其他选择。这种提醒会促进你更多地为爱奉献。双方对爱奉献得越多，幸福感就会越强。

八、允许爱人有异性朋友

结婚以后的夫妻双方能否与其他异性朋友交往？答案是可以的。但在现实生活中，一些人不习惯婚后另一半与异性的正常交往，有的人还把这种交往视为"不轨"行为。其实，男女之间除了爱情外，还有同事、伙伴、朋友等社会关系。因此，要支持爱人的社交活动，允许爱人有异性朋友，这是真正的爱情的体现。

雯的老公一直喜欢在同性堆里扎，她也一直没有后顾之忧，可是一年前，情况有了变化。他停薪留职下了海，合伙人中有一女性，他们也成了朋友。

雯刚得知情况时，心里很不舒服，总有兵临城下之感。毕竟，要说对配偶的异性朋友一点芥蒂也没有，作为"饮食男女"，是不容易做到的。但经过一段时间的观察，雯并没有发现老公有什么“异常举动”。于是她想，也许是自己应该调整一下心态了。老公的朋友就是自己的朋友，尤其是异性，更应该让她成为他们俩的朋友。

于是，雯主动让老公邀请她到家里来吃饭聊天，与她谈一些时装、育儿、美食等女人感兴趣的话题，还很谈得来，像老朋友一样。同时，又把家庭气氛营造得温馨而舒适，让她感觉到自己家庭的幸福。雯认为，任何一个善良的女人都不会想去破坏别人的幸福。老公与她谈生意时，她也从不插嘴，只有在休息时，才会适当介入，老公也因为雯的存在而感到放松。现在，他们三个人的友谊已经保持了一年，相信还会更长久地保持下去。

男女之间是平等的。既然社交是生活中不可缺少的活动，那么，爱人交朋友无论是异性还是同性，都应该以平常心待之，并将对方的朋友发展为自己的朋友。

夫妻之间要互爱、互信。有些人不能正确对待爱人的异性朋友，并不是不理解社交的意义，主要是不相信自己的爱人。这样必然会伤害爱人的自尊心，伤害彼此的感情，从而导致家庭不和、夫妻反目。

男女相爱结成夫妻，双方的朋友就成了一家之客。因此，爱人的朋友也是自己的朋友，应该热情相待，友好相处。对待爱人的异性朋友来家做客，礼貌相待，热情周到，还能加深彼此的信任，深化夫妻间的感情，否则就会给家庭生活带来阴影。

赋闲在家做全职太太的徐女士对此感慨颇多。她说她一直是一个比较独立的女性，做事也有自己的主见，可婚后她和异性的交往却受到了丈夫的限制。丈夫比较“小心眼”，谈恋爱时看到她和男同事说话他就有抵触情绪，但当时丈夫说那是因为太在乎她。新婚时，她和丈夫的生活简单而又幸福，丈夫的体贴让她很感动，渐渐淡忘了丈夫的“小心眼”。但一件事的发生改变了他们的生活。

那年，她之前认识的一个异性朋友找她办一件事。当时她觉得这对她来说只是举手之劳，便帮了朋友这个忙。谁知丈夫用她的手机打电话时无意间看到了这个异性朋友的号码，便质问她。徐女士把事情的原委告诉了丈夫，可丈夫根本就不相信她的话，一口咬定她和朋友偷偷联系，两人大吵了一架。

随后，丈夫对她更是时时监控、处处小心，经常翻看她的手机。更让她受不了的是，每隔一段时间，丈夫就会去营业厅查询她的通话记录，她觉得自己完全没有了自由。关于异性交往这一问题，她也多次和丈夫沟通，但丈夫说：“你是我的妻子，就不该和别人再有联系。”按照丈夫的意思，她辞了职，在家相夫教子。她承认丈夫爱她，但这一方式确实让她无法忍受。

很多人认为，婚后再和异性朋友交往是对爱情不忠，是大逆不道的行为。持这种观念的人，是受封建意识的影响，尤其是丈夫，对自己妻子的异性朋友大发醋意、横加指责，这是错误的。夫妇间需要相互信任、互相谅解、互相尊重。对待一方的异性朋友，另一方应该豁达大度，以完全信赖的态度对待他或她。

爱情是甜美的酒浆，它是靠相互信任酿造而成的。夫妻之间假如没有相互信任，那么，彼此的爱情也将经不起风雨的考验。和爱人的朋友做朋友，与他交心，不仅会让爱人欢喜，也能打消自己的顾虑，减少不必要的猜忌和怀疑，从而巩固婚姻。

交朋友只是友谊，不等于爱情。妻子或丈夫，无论是在婚前还是在婚后，都可以交异性朋友，建立纯洁的友谊。做丈夫或妻子的，大可不必为此而妒火中烧，甚至不问情由严加追究。这样做，只会淡化或伤害夫妻之间的感情，甚至造成不堪设想的后果。

不过，我们应注意的是，在与异性朋友的交往中，要以高尚的道德标准约束自己，随时用理智的闸门控制自己的感情，划清友情与爱情的界限。同时要注意交往的方式，尽量避免引起对方的疑虑。夫妻间更要相互理解和信任，支持对方的异性交往。当然，这种交往必须是以纯洁友谊为前提的。

九、水至清则无鱼，容许善意谎言

在婚姻中，夫妻是彼此相互宠爱的孩子，从对方身上可以得到很多很多——黄昏归来时的宁静，寒冷夜里的温暖，一蔬一菜中的天长地久滋味，一鼎一镬里的朝朝暮暮恩情。可是，双方都必须做大写的人，为所爱的人肩负起责任。必须竭尽所能地让对方过得幸福如意，无论贫富，无论生老病死。

这种一生一世的深挚关系，当然要遵循诚实的原则。但是到底需要怎样的诚实也要考虑具体的情况，你不应该也没必要在所有的事情上都表现得过于真实，因为很多情况下，真话很可能会对你的伴侣造成伤害。

一位德国心理学家经过多年的研究，在其最新著作中得出结论，坦诚相待与美满的夫妻生活是一对难以协调的矛盾。如果希望在相濡以沫的漫长岁月中保持美满的夫妻生活，善意的谎言是不可少的。

就像谁也不能保证不撒谎的夫妻生活就美满、和谐一样，谁也不能说偶有谎言的夫妻生活不美满。夫妻间只要把目光投向生活，珍惜快乐幸福的时光，不妨偶尔有一些善意的谎言，以减少不必要的猜疑和误会。

许多人很在意对方的隐私和一些男女交往问题，甚至在意到很计较的程度，很多本来感情很好的夫妻因此而分手。也有人向对方毫无保留地道出自己的隐私和日常交往活动，即使二人没有分手，有些敏感问题也会像阴云一样笼罩在两人的生活中，随时会电闪雷鸣、大雨倾盆……

周先生对此就深有感触。一次在酒后，他向妻子倾诉了自己的初恋往事。别看她让丈夫讲时一副通情达理、不急不火的样子，讲完后她立时醋意大发，审案似的刨根问底，并时常在不高兴时把这件事拿出来作为把柄和武器。

生活就像一团麻，在有些事情面前，谁也不可能真正做到心如止水。成熟的夫妻会小心地避开生活中的雷区和暗礁，共同珍惜未来的生活。要明白，坦诚和偶有的谎言只是我们的一种处事方式，夫妻间幸福美满，和睦相处，友好依存才是我们真正需要的。

每次跟姐妹们购物过后，在咖啡馆休息的时候，结婚三年的静总会翻出刚刚购入的各色衣物。她不是想要检阅自己的“战利品”，恰恰相反，她会仔细地将衣服上的标签、鞋盒里的发票收集好一起扔掉。这个动作，姐妹们称之为“专为老公准备的最后一步”。“如果老公问起来你咋说？”静笑笑：“我会说，这件衣服是打三折买的，那双鞋子用了买200送50的代金券。我并不是怕老公说我浪费，事实上，我赚的钱足够养活自己。但是，怎么说呢，习惯性的，我会说一些小谎话来打消每次他看着我血拼战果时的奇怪眼光。”

静不是孤独的。事实上，基本每一个结了婚的女人或者男人都会有一些“为老公/老婆准备的最后一步”。你有没有试过不让配偶陪你去购物，这样你就可以尽情地享受某种“浪费”的快乐？或者当办公室里的某位男士对你表示了好感，而你为了避免麻烦，根本不准备把这件事对你的配偶提起？在婚姻里，忠诚当然是第一位的，可是，总有那么一些无伤大雅的“白色谎言”不得不存在。

善意的谎言是美丽的，它体现了情感的优雅和思想的成熟，遮蔽了心灵上些许的脆弱，给精神带来小小的安慰，从而使婚姻生活更加平静和谐、意味深远。

这里，需要注意的关键一点就是，不要对对方不想说的事情刨根问底。当然，可能这种做法让你感觉不甘心，但你要知道，他们不想说的原因是他们也知道真话不一定总是美好的，他们是不想造成你们之间的不愉快。换句话说，就是要给对方一点私人空间，允许你的伴侣保有一定的隐私。

只要仔细想一想，便不难发现，人们对爱情和婚姻并不是绝对诚实——曾经对一些特定的想法和感受秘而不宣，在一些特定的时间和特定的地点说过谎言。这样的谎言有时信手拈来，轻描淡写；有时冥思苦想，费尽心机。这样的谎言与恩恩怨怨无关，与人格道德无关，也不会危及家庭港湾安定团结的大好局面。它只不过是用理智清除那些会伤害对方的东西，使婚姻关系拥有雍容的风度。

已经步入婚姻殿堂的人要记得：这个世界上有一种谎言，叫善意的谎言。聪明的人心里都有一架天平，知道称量谎言和爱哪个重。只要是无关重大的原则，对于谎言，对于一些不影响感情的小事，总会乐得忽略过去。给伴侣一个从容的心态来面对他，不但能让他更具吸引力，也容易让彼此的感情更和谐，家庭更稳固幸福。

第四节 责任，滋养后方营地的甘霖

“婚姻是一座外表华丽的围城，城外面的人想进去，城里面的人却想出来。想进去的人当然是因为对婚姻的美好憧憬，想出来的人自然是源于婚姻中那些难言的现实。”

爱情是个永恒的话题，婚姻却比爱情更复杂。两个人缔结婚姻，大多是因为爱情。也有的不是爱对方这个人，而是爱对方的金钱、地位或是家世。没有爱而走到一起是一种交易或者是一种无奈。古代的婚姻，注定就要走一辈子，无论走得如何艰难痛苦也都要坚持着走下去。而当今社会，婚姻已经没有太多的约束，所以离婚率在不断地升高，登记几小时都有离婚的，离婚时时刻刻都在我们身边发生着。在现代，无爱的婚姻一般不会长久，因为在现代人的价值观念中，已经少了许多以往世俗的观念，随着人们独立自主意识的增强，以往的“三纲五常”观念早已淡薄，尤其是对现代女性来说，不会像以前那样受束缚。因此，爱情是婚姻的灵魂，没有爱情，婚姻也就失去了存在的意义。但是，婚姻里也不完全是爱情。从两个人因爱而牵手开始，就意味着要风风雨雨，同舟共济几十年。在这几十年中，生活会为两个人摆出很多难题，对于许许多多的生活苦难来说，婚姻仅靠爱情是承载不动的，还必须靠责任。

我们经常能在网络媒体上看到：“转让婚纱照拍摄，因为双方性格不合，两人决定分手”“结婚不到一年，夫妻俩分道扬镳”等消息，身边动辄吵闹、离婚的小夫妻也不在少数。面对这样的现象，我们不能不说是他们只有爱情而没有责任，一旦面对婚姻的现实，只有爱情没有责任的婚姻变得不堪一击。

让我们看看这对夫妇通过包办婚姻相识，经过了二十多年的两地分居，依然携手至今的夫妇，他们的婚姻是如何经营的呢？

54 年前，18 岁的陈水林在媒人的介绍下，在河南农村和刘秀英结婚。他们属于“先结婚后恋爱”的典型，婚后第 3 年陈水林考取了上海华东纺织大学纺织化工系，需要来上海读书，这一别就是四年。毕业后，陈水林留校当了老师，由于当时的户籍制度管辖非常严格，陈水林无法将留守农村的妻子的户口迁到上海来。刘秀英一人在农村，照顾两个孩子以及丈夫年迈的父母。

“我当时抱怨他一年才回一次家，担心他在上海被教‘坏’了，但后来想想他不是那号人，我知道他老实。”说起当年“留守妻子”的辛酸，刘秀英的眼睛湿润了：“虽然他当时寄回一半的工资，10元钱左右，但远远不够一家人开销。在外人看来，他在上海的工作很好，只有我知道家里有多苦。在村子里，我们家的房子是最破最差的，每次外面下大雨，屋子里就下小雨，我不得不拿着脸盆，一盆一盆地把水往屋外泼。”

直到1984年，陈水林升了职务，涨了工资，分了房子，妻子的户口终于正式迁到上海来，夫妻俩才结束了长达27年的分居生活。“对于妻子，我有很多愧疚和感激。在我母亲生病时，妻子尽心尽力地照顾她，吃饭、洗澡、洗衣都是她一人包了。婚姻是一种责任，需要双方的坚持和包容，这正是我和妻子在分居27年后，依然彼此守候的理由。”

读了这一对夫妻故事，我们或许对婚姻有了新的感悟——责任。是的，“责任”两字道出了经营婚姻的真谛。为了拥有幸福完美的婚姻家庭，我们现代人都应该重视这种责任感。一些“80后”“90后”的年轻人好虚浮，在这方面太薄弱了。所以现在离婚率在增长，与责任心有很大关系。

生活中的爱情与责任是相互融合，相互促进的。没有爱情，就很难有强烈的责任感。如果有，那也只是一种道义。据心理学家分析，夫妻间的互相吸引的时间最多只有三年。可想而知，如果没有责任的支撑，人们三年就要结一次婚，甚至几个月就要换一个配偶。因此，责任不仅仅是维系家庭的一根支柱，更重要的是能使爱情更加持久。因此，婚姻：一半是爱情，一半是责任。

婚姻离开责任，将不会再有爱情。爱情赋予责任，最终将走向婚姻。爱情抛弃责任，将预示回归陌生。其实，爱情是种很凄美的东西，像昙花，因它的短暂，才显得弥足珍贵。爱情加上责任就会变成亲情，亲情是最稳固的一种感情状态，也是爱情的最高形式。所以人们通常说的在婚姻中没有了爱情，应该是说的激情，而不是真正意义上的爱情。爱情与责任如手足，是不能分开的。

维持婚姻的基础是感情和责任。责任对家庭的稳定非常重要。双方都要有这一份责任感才能使夫妻关系更加融洽。如果只是一方承担或是双方都不愿承担责任，婚姻都会出现问题。

如果作为妻子，你想让丈夫能够主动地付出，承担更多的责任，才子传授给大家一个万能公式“表达+撒娇的语气+肯定的反馈”，这样就能顺利引导对方乐于付出。

首先，表达很重要。因为很多时候在婚姻生活中，并不是男人不付出，而是他不知道你想要什么。比如，丈夫想要给妻子准备生日礼物，如果事先知道她想要什么，选择的礼物就会送到心坎上。然而，现实生活中的很多丈夫可能察觉不到妻子想要什么，而很多妻子最常做的事情就是让对方猜。

举个例子，妻子跟丈夫聊天，说到因为今天的工作失误被领导批评了，心情非常不好。这时候妻子的真实需求是希望丈夫下班后来接她，但却没有直言，她只说了今天被批评后心情有点烦，而且本能地认为“我不说他也知道”，然后下班后等丈夫半天，他也没来，然后妻子就气得要死。等回家后丈夫一句“你又没说让我接你”，妻子再来一句“这种事情还用说吗？说出来还有什么意思？”就会引发一系列争吵。

站在男人的角度上，才子认为，如果对方不说，很多男人是真的不知道。所以，表达很重要。同时，表达还要表达清楚，不能负向表达。比如很多妻子遇到上述情况，她会反向表达，丈夫已经说了要不下班去接她，她反而说：“不用，我自己也可以的。”事实上，妻子内心是多么希望丈夫来接自己，但丈夫听到就只是原来她不需要“我”去接，那“我”有事就可以去忙了。因而，想要让对方能够主动多付出的时候，第一步就要学会正确地表达需求。

其次，撒娇的语气。在很多场合下，表达需求的语气也很重要，如果你给对方传达的是“我表达要求、你做事”，而非表达请求的时候，对方的负面情绪就会很强烈。所以表达需求的时候一定不要用要求的语气，可以使用请求，这时候就可以采用女性独有的杀伤性武器——温柔撒娇，像是“好不好”“可不可以”等，两个处于亲密关系的人，说话真的没必要一本正经的绷着。

最后，肯定的反馈。感情里本来就是价值交换，你想要让对方付出或承担更多的责任，就需要让对方做完事情后得到一个有效反馈。反馈的目的就是为了让他下次更乐于去做事情，这样就会让本来你要他去做，变成后来他主动去做。正向的反馈就是当他做完这件事情之后，你给他一个好的反馈。这个世界从来不缺乏美，只缺乏发现美的眼睛。当你发现不了他的美时，就很容易出现问题，这时你也需要好好总结一下了。

第五节　执汝之手，夫妻相处的最高艺术

夫妻关系是两个独立的个体的结合，如何融合成一个和谐的整体要懂得夫妻相处的艺术。

一、心理交换

如果说爱对方，是为了交换什么，得到什么，那就太庸俗了。不少夫妻总是错误地认为："已经是老夫老妻了，无所谓了。"继而在日常生活中把夫妻间关系形成单向的，有来无往的，往往事情到了不可挽回的时候，才知道问题已经发生。据有关调查资料表明：有 80%婚外性关系的发生是与夫妻间双方没有充分感情交流有关。

夫妻之间某种程度的交换，主要是心理方面的交换。将心比心，以心换心，要多想想："他待我这么好，我要为他做些什么？""我希望在家中感到温暖、愉快，那么怎样也使他（她）温暖、愉快？"如果能经常地自觉地问自己这些问题，夫妻关系就会更上一层楼。

二、角色平衡

应该承认夫妻间完全没有差异是不现实的，因为有些差异确难避免，而有些人轻视这些差异，造成了一些家庭的解体。但是，在承认差异的同时，夫妻双方还得学一点差异转化的本领。每当两人有步伐不一致的时候，要马上警觉到这种变化，如一方平时有某种业余爱好，或消费心理观念不同，此时夫妻间应保持理智，理应互敬互爱，缩小和消除夫妻间的"角色差异"，以真诚的理解，互相接近来实现"角色平衡"，取得另一方的信赖和谅解。

三、讲点“废话”

很多夫妻结婚后总感觉生活中缺少点什么，天天在一起只剩下干巴巴的实话，难免一方怏怏不乐地倾诉：“我那口子像个木头人，同他（她）没啥话好讲，不如到外面逛逛去。”要知道，这时最有可能被“第三者”插足。

恋爱时，夫妻双方大都是通过一些琐碎而无关紧要的“废话”来倾诉柔情蜜意。同样在婚后，夫妻间的“废话”是传达感情、信任、尊重的信息波。夫妻的感情就像小河塘里的水，不流不动太平静了，反倒容易干涸。比如，妻子在冷天洗衣服，做丈夫的不妨讲一句：“今天洗衣服蛮冷的，你辛苦了。”妻子当然能听出这“废话”里有你的感激与体贴。夫妻间对另一方的体贴，妙就妙在点点滴滴，一丝一缕的“不知不觉”之中。但是废话唠叨不休，对另一方来说就像被机枪扫射了一般，也会适得其反，所以请掌握好这个度。

四、多点安慰

人生旅途不可能事事如意，当一方遇到烦恼时，另一方应以温柔来抚慰对方的心灵。有道是“一句好话暖三冬”，况且，一份忧愁若两人分担，忧愁只有一半。安慰一方时，不妨使用幽默、开导、劝解等办法，特别是幽默会使效果“更胜一筹”。

五、暂时沉默

现在大多数家庭进入二人或三人世界，矛盾不断，拌嘴时有发生。保持沉默，总比大家拉开喉咙大声吵嚷要好，家庭生活有些矛盾总不希望张扬，与其双方大声争吵，还不如不说话，暂时沉默为好，而且在沉默之中，夫妻双方都可能冷静下来，沉思和反省自己。但是，沉默时间不能长久，要想到打破沉默的局面。双方的气量都要大一点，要争取主动，主动一方并不等于有错。

夫妻关系是一种最亲密的人际关系，也是最难相处的一种人际关系。夫妻间怎样营造温馨融融的家庭氛围，是一门生活的艺术。

才子认为，要达到高质量婚姻的艺术境界，需要通过三个方面进行修炼。这些方法不仅能够帮助我们搭建幸福的婚姻，而且是婚姻生活中不可或缺的艺术。

首先，要拥有成长型思维。当我们在感情或生活中遇到困难时，我们应该思考如何解决问题，而不是回避它们。这意味着，我们应该将问题视为机会而非难题。例如，如果妻子感觉丈夫最近变心了，一个拥有成长型思维的人的第一反应不应该是离婚，因为离婚是一种固定性思维。当我们具备成长型思维时，我们可以变得更好，从而获得更多的幸福。这是实现高质量婚姻的不可或缺的要素之一。

其次，要保持适当的距离感。夫妻之间固然很亲密，但是无论是夫妻还是朋友，人与人之间都需要适当的距离感。夫妻之间的距离感表现在不必全程参与对方的生活。例如，妻子偶尔会跟闺蜜微信聊天吐槽某个人，如果丈夫想要查看聊天记录，这会让人感到不愉快。同样的，如果丈夫跟兄弟吹牛时，妻子一直盯着他，也会让他感到不舒服。如果两个人每天都在一起，偶尔适当地拉开距离，也是维护感情的一种方式。

最后，要有不害怕离开的心态。许多感情最终会结束，这并不是因为你运气不好，而是因为你有一种害怕离开的心态。许多女孩在缺乏安全感的时候会变得过于“作”，试图通过对方的态度来获得安全感，但最终可能会破坏感情。在心理学上，有一个定律叫做“墨菲定律”，它讲的是你越害怕什么，就越容易遭遇它。如果你害怕对方离开，那么你的行为实际上是在一直把对方推出去。

通过这三个方面，你可以检验自己的生活中是否存在这些情况。如果有，才子希望大家能够看到这里并做出改变。

第四章　学会说话，让家庭和谐幸福

在《爱与被爱》一书中，巴斯克里提到了沟通这一重要的话题。他认为，“沟通就是彼此交谈的艺术，明白说出自己的感受与想法，并认真倾听对方的话，这是建立及维持互爱关系最基本的技巧。”

第一节　夫妻关系中最重要的是沟通

上帝在人类第一次婚姻中曾提醒亚当和夏娃要修缮和看守伊甸园，这个修缮和看守的责任不仅仅是对待动物和花卉，也同样适用于家庭和婚姻关系。亚当和夏娃的婚姻失败，其中一个原因是他们之间的沟通出现了问题。因为他们身处在一个充满了生机和色彩的环境中，情感容易被外在的事物所左右，忽略了夫妻之间的内心沟通。结果，魔鬼趁机而入，夫妻之间的沟通变得更加糟糕，甚至相互指责，推卸责任。

星期天，杨曦正在煮午饭，老公在网上找资料，孩子则在准备下星期的小考。杨曦请求老公去监督一下孩子的学习，老公轻轻应了一声。

但过了一会，杨曦发现老公没有去儿子的房间，再次喊道：“老公，你快去看看儿子吧。”

老公没有回应，他想：“孩子需要自己负责自己的学习，如果他没有付出努力，成绩会告诉他。我也在忙着，为什么你只关心你的儿子呢？”

于是，他有些不耐烦地大喊：“你知道你有多烦人吗？一直催、一直催！”

杨曦也感到不满，她说：“儿子不是只属于我一个人，你难道不能帮帮忙吗？”两个人开始争吵，家庭气氛也变得沉重起来。

想要化解沉重的家庭气氛并不容易，但可以通过建立共识和维持良好的关系来实现。这需要双方学习如何用对方喜欢听的方式表达自己的想法。

杨曦可以这样做：

（1）如果想要老公去监督孩子，可以先停下手中的工作，走到他身边，委婉地说："亲爱的，我很忙，能不能麻烦你去看看孩子，确保他在准备小考时专心学习？"如果老公还没有回应，就不要再催促他了，耐心等待，或者可以接近他，了解他的想法："亲爱的，我知道你也在忙，但是你为什么不去看看孩子呢？有什么想法吗？"倾听他的心声，也许能找到解决问题的方法。

（2）杨曦需要学习接受：老公有自己的想法是可以理解和尊重的，当他的想法和自己的想法不一致时，就需要进行沟通和协商。沟通时不仅要表达自己的想法，也要听取对方的想法，支持他的教育观念，共同为孩子的成长贡献力量。

老公可以这样做：

（1）将自己的想法明确表达出来：夫妻之间的沟通需要坦诚、明确。如果丈夫有什么想法，应该主动跟妻子表达出来。例如，"孩子已经长大了，我们应该让他自己去尝试，这样他才能学会自我管理。当我在忙我的事情时，希望你不要打扰我。我们也可以抽出时间来享受两人世界，去看电影或者逛街。"

（2）学会倾听和尊重对方的想法：夫妻之间的沟通不是单向的，应该互相倾听和尊重对方的想法。如果妻子有不同的看法，丈夫应该认真聆听，并尊重妻子的想法。同时，丈夫也应该明确表达自己的教育观点，让妻子了解自己的想法。

夫妻之间的沟通是维系家庭婚姻的关键，不能视对方为理所当然，更不能以为结婚之后就会一直幸福快乐。结婚只是开始，夫妻双方应该更加敏感于对方的心情和需要，仔细规划婚姻生活的内容，有创造性地维持两人之间的新鲜感，满足相互之间的爱的需求。只有夫妻双方都共同持守爱和尊重，才能让家庭更加美满幸福。

夫妻之间应该建立正面沟通的共识，一方考虑对方的想法，同时也表达自己的想法。这样积极的沟通方式，能够使婚姻关系长久持续下去。

在才子的众多学员中，很多夫妻都面临过吵架或无法有效沟通等语言暴力问题。才子认为，夫妻吵架的根源主要有两个方面：情绪和思维差异。

很多人在与伴侣沟通时，一旦看到对方态度不好，就不想再继续交流，这是情绪影响的沟通障碍。至于思维差异，通俗点说就是在沟通中的误解，“我认为你听懂了，但是你根本没有”。

只要我们能够识别沟通中出现问题的核心，就能在遇到问题时解决它们。首先，情绪不好会成为沟通的障碍，因此我们需要采取措施来消除坏情绪，

从而确保沟通的顺利进行。例如，当你发现自己生气了，你可以在内心让情绪停下来，只需等待三秒钟，情绪就会逐渐消退，然后你就可以和对方进行正常的沟通了。

其次，要解决思维差异，我们需要先学习如何理解对方，接受对方的想法和观点。当你开始接受对方的观点，你的期望值就不那么高了，你就能够清晰地表达自己的观点，也可以与对方进行正常沟通了。

只要我们掌握了这两个要点，即解决情绪问题和理解对方的思维方式，我们就能够成功地沟通，而这也是爱的体现。

第二节　夫妻沟通中怎么聊才甜蜜

情侣之间要想保持甜蜜快乐幸福的关系，和那些逐渐疏远甚至心灵相隔的情侣相比，在聊天上往往有一个关键的差异。

为了了解这个差异，首先需要知道在聊天中有四种典型的对话：分享式对话、娱乐式对话、销售式对话和解决问题式对话。

分享式对话，重点在于分享彼此的观念、经历、情感、知识、信息。举个例子，女朋友逛街之后回家。

女生："你知道吗，有件衣服很喜欢，看了好几次，就等着打折的时候入手。可是今天去就没了，郁闷死了。"

男生："是吗？亲爱的，那件衣服是什么样子啊，为什么你这么喜欢？"

女生："黑色的连衣裙，穿上去挺合身的，而且V领正好配上次买的项链。"

男生："上周你也是穿的黑色连衣裙，看上去给人感觉很沉静很有气质。这件衣服穿上去，和上周那件有什么不同的感受吗？"

女生是在向男生分享她的感觉、经历，然后男生也回应，分享自己的想法和问题，鼓励她分享更多。

娱乐式对话，重点在于创造和享受乐趣。

销售式对话，重点在于说服他人。举个例子，我认识一对夫妇，他们的对话经常是这样的：

太太：“刚才我到 AAA 家去了，他们小区很漂亮，每个房间采光都很好，而且小孩可以对口进入 BBB 学校，幼儿园也就在小区里面……”

老公：“你想说什么就直说。”

太太：“你是不是可以换一份工作啊，多赚点钱我们就可以换房了，这样将来小孩读书也方便。”

老公：……

太太：“你怎么这么没有上进心啊，你看 CCC、DDD……”

解决问题式对话，顾名思义，就是围绕解决问题进行的沟通。例如：

太太：“我们厨房漏水了，物业的电话你有吗？”

老公：“等等，我查一下。”

一、享受现在 VS 达成目标

前面的 4 种对话类型，又可以归纳为两大类。

第一类是过程价值导向的：分享式对话、娱乐式对话；第二类是结果价值导向的：销售式对话、解决问题式对话。

所谓过程价值导向，指的是人们在做某件事情时，更加注重在过程中获得的价值。举例来说，像玩游戏这样的娱乐活动，我们的核心乐趣在于通过一关关突破、技能提升和解决挑战的过程中获得乐趣，而不是关注最终的通关结果。如果一个游戏让你从一开始就拥有了 5000 级的能力，可以轻松地打败最终的大 boss，那么这个游戏很可能会变得索然无味。

反过来，结果价值导向，就是从结果中获取价值。

以厨房漏水的例子来说，人们的沟通目的是解决问题，而不是寻求过程中的乐趣，因为这是一个紧急的问题。因此，沟通成本要尽量降低，以便更快地解决问题。

理解了这个概念之后，我想分享的是高质量恋爱关系和低质量恋爱关系之间的一个关键差异。在幸福甜蜜的恋爱关系中，人们花费更多的时间进行过程价值导向的沟通，例如分享式对话和娱乐式对话。这种沟通质量高、互动性好的方式可以带来更多的乐趣和幸福感。

在平凡的恋爱关系中，更多的时间用于追求结果价值导向的沟通，比如销售式对话和解决问题式对话，而沟通质量往往一般。在糟糕的恋爱关系中，几乎所有的对话都是追求结果价值导向的，比如销售式对话和解决问题式对话，而且沟通质量非常低，很容易导致负面情绪。

当恋爱关系陷入困境时，基本上没有任何沟通。相比之下，当人们陷入热恋状态时，他们通常会急于分享彼此的感受：

男："亲爱的，我好想你啊！"

女："是啊，我也想你了。今天跟客户打电话，脑袋里都是周末我们玩的场景，想想都开心。同事都说我在傻笑。"

男："嗯嗯，我简直想买张机票过来看你了。"

女："我在吃巧克力，饿了实在忍不住，哎呀减肥计划又泡汤了。"

在某些情况下，对于情绪稳定的旁观者来说，这些话可能听起来毫无意义。然而，这些话实际上包含了情感互动，对于关系的发展具有高度的价值。

当我们注重过程价值时，我们的思维重点是享受当下；当我们注重结果价值时，我们的思维重点则是解决问题和实现目标。

在恋爱中，经常会出现一个常见问题，就是很多人过于理性，用解决问题的思维来看待关系中的所有沟通。例如女性经常希望自己的男友（或丈夫）可以更多地分享他们的状态和想法，但许多男性的观点是"没有什么可说的，没有问题需要解决，为什么要沟通呢？"他们认为"只有在需要解决问题的时候才需要沟通"，但忽略了恋爱本身的基础是"享受现在"，是两个人情感的互动，而不是实质性地解决问题。

如果人们只是为了解决问题而聚在一起，而不是通过情感上的互动来建立关系，那么这种关系就是一个利益共同体。举例来说，许多夫妻之间缺乏情感上的交流，遇到问题时只是简单地解决。虽然这种关系的存在可能有其原因，例如为了孩子，但从两个人关系的角度来看，恋情早已消失了。

一种普遍的观点是"恋情最终会转化为亲情"，但实际上，恋情的存在取决于情感互动的质量（在谈话中主要是分享式对话和娱乐式对话）。如果一直保持高质量的互动，就可以保持高质量的恋情。只是能够做到这一点的人太少了。

享受过程的能力在人生成功和幸福方面都是至关重要的，可惜的是，很少有人认识到它的重要性，并在这方面努力。在我读书的时候，我发现很多人虽然学习很努力，但效果并不明显。他们的共同点在于读书时过于艰苦，例如拼命背单词，同时也抱怨自己缺乏意志力，认为学习的重要性就在于坚持不懈。

然而，我发现那些学习能力超群的人，他们的学习态度不是“我必须坚持下去”，而是把学习本身当作一种娱乐，非常享受学习的过程。他们会觉得“好无聊啊，让我们做几道题解解闷吧”或者“天啊，这几个公式推导过程太美妙了”。

能够享受过程，不仅仅更容易产生幸福感，而且因为这种正面的反馈（只要去做，无论什么结果，都已经从过程中获得了乐趣），他们更容易全身心地投入其中，因此也更可能产生高质量的结果。

反之，如果你一味追求结果，反而会事倍功半，无法从过程中获得乐趣和成长，甚至可能经历各种煎熬，难以达成自己的目标。

在恋爱中，很多人都面临着一个难题：当他们遇到自己心仪的人时，却变得不知所措，烦恼重重，难以表现自己的真实情感。这就是典型的过分关注结果，过度在意对方是否能成为自己的男朋友或女朋友，而忽略了恋爱本身的意义。恋爱最基本的就是让两个人在一起开心，并享受彼此之间的互动。

所谓活在当下，即便是今天我们相遇了，最重要的也不是争取一个身份，而是要珍惜当下的每一刻。享受秋日的阳光，欣赏对方的发型，分享最近的趣闻，关注对方的情绪， 起嘲笑尴尬的糗事，让相处时间变得更加有价值。

前段时间，有人向我抱怨，他向心仪的女孩表白被拒绝后，仍然每天打电话和发微信给她，只想让她成为他的女朋友。一开始女孩还照常接听电话和回复信息，但后来基本上不回应了。

分析他们之间的沟通内容，可以看出已经变成了单方面追求的销售对话。无论给对方带来多大压力和厌烦，当恋爱的基础——分享和娱乐，都被忽略时，关系便无从建立。此时，女孩变成了他的一个目标，而非真正的交往对象。

许多人常常问：“如何表白才能让对方接受我？”这种思维方式类似于

销售导向。但他们往往忽略了更重要的问题：在一段关系中，真正的关键在于甜蜜快乐的互动体验。没有这种体验，你的“销售”也就失去了效力。

二、分享精神

我们从小就被灌输着分享好东西给亲人朋友的观念，如果没有接受过这种教育，那可能会是一件令人不安的事情。

那些愿意与其他孩子分享他们的玩具和零食的人，通常会建立更好的人际关系。

在成年社会中，也是同样如此。

据传，当时杜月笙还是黄金荣手下的一名小混混。有一次，黄金荣发了奖金给大家，其他人拿到钱后立即开始讨论去哪里赌博、逛哪些妓院等等，只有杜月笙默默地走了出去。黄金荣觉得很奇怪，派了一个下属跟着他看看他在干什么。

下属回来后报告说，杜月笙把自己的奖金分给了他的小兄弟们。于是，黄金荣感慨地说，这小子有出息。

从人际关系的角度来看，一个人的价值很大程度上取决于他/她能够与别人分享什么。这既可能是物质方面的，如金钱，也可能是精神方面的，比如热情、快乐、知识和智慧。

我认识一对夫妻，他们经常互相开玩笑、互相挑战，这让他们成为了非常有趣的伴侣。当我们一起吃饭时，服务员常常也被他们的互动逗乐。他们把自己的热情和快乐分享给了周围的人。

有一位女生问我：“我是否能够得到我想要的爱情？”我问她想要的爱情是什么样子的，她回答说，她希望拥有一个帅气的男人，关心她、照顾她、能够包容她的缺点，带给她无数快乐，以及对她一生一世的爱。

在十年前，一位公司的老板推出了一个公益项目“捐献时间”，它是一个将志愿者和公益组织连接在一起的平台，方便人们更加轻松地参与公益活动并且帮助他人。

在十年前他发起项目的文章中，有这样一段话：

当一个人受到上帝的眷顾时，我们当分享这份幸运。

我这三十年来一直很幸运，那些不能将我打倒的，最终都使我变得更加坚强。

然而，不是每个人都有足够的幸运。当我们在做选择时，比如是去麻省理工读书还是留在外企工作，有些孩子可能不得不靠自身努力来筹集学费，他们的处境很艰难。

我们是勤奋、刻苦的人，但毋庸置疑，我们也是幸运的。当我们意识到自己的幸运时，我们应该愿意与他人分享这份幸运和快乐，这样我们的社会才能更加和谐。

大多数人总是想要得到很多很多的爱、乐趣和关怀，但只有少数人真正愿意分享给我们这些东西。然后前者就会陷入烦恼和困惑，一直追寻着这些东西，却很少意识到他们的关注点可能存在问题，这才是核心问题所在。

三、把美好带给他人

在一次回上海的机场大巴上，我旁边坐着一位妹子，翻着地图貌似不认识，然后对我说："Excuse me,can you speak English?"

我笑着回答她："Sorry,l can't."

嗯，我用英语告诉她我不会英语。

然后她也笑了。

我们开始聊天了。我得知她是来中国旅游的，于是就带她参观了上海的一些景点，包括豫园。在那里，我们又遇到了一位来自德国的游客，于是我就变成了他们两个人的免费导游。之后，我又带他们去了杭州。

他们玩得很开心。回国后，那位女孩告诉我她已经开始在新公司工作了（她是辞职后来旅游的），并且在中国的旅行经历非常愉快。她感谢我，并且会想念我。

然后我回她说："I envy your colleagues so much as they can see such lovely face everyday."

她回复了我一条信息，大意是我说的话真是甜言蜜语。

之前她问了我一个问题，为什么我愿意带他们去旅游并且非常周到地照顾他们，甚至自己掏腰包。我告诉她一个理由是我深受我的前老板的启发，我觉得自己受到别人的关心、爱和幸运，所以很多时候我愿意分享给其他人。

四、你比想象得更美好

在人际关系中，一个超级重要的基本技能就是欣赏并发掘他人的优点，然后分享给对方。

想象一下你认识两个人，与 A 在一起，对方总是指责你这也不行、那也不对，让你觉得自己一无是处；而与 B 在一起，对方总是能够发现你的优点，甚至有很多是你自己都没意识到的，你觉得自己被欣赏，也越来越能看到自己的优点，从而拥有更多自信。你会选择和谁在一起呢？

几乎所有人都会选择欣赏和夸奖自己的，但大多数人同时会发现，他们自己其实是前者，更容易指责伴侣的问题。

多芬有一个非常棒的广告创意：你和别人眼中的你。

一组人请来了一位素描师，然后找了一位女性来参与实验。两人之间隔着一面布帘。素描师请女性描述自己的相貌，然后根据描述进行画画。整个过程中，两人始终未曾见面。

画画完成后，女性离开了。接下来，他们邀请了另一位参与者，该参与者之前见过前面的女性。然后素描师请该参与者描述女性的特征，再画一幅画。

将两幅画并排展示给女性看，然后询问她的感受。实验团队反复进行实验，发现根据别人描述所画出来的图像，往往比根据自己描述所画出来的更美丽。很多人常常过于纠结于自己认为不美的地方，而忽略了花更多时间欣赏美好之处的重要性。

广告的结尾是一句话："你比想象得更美丽。"

这条广告引起了很多的转发。

许多人会困惑于聊什么话题，我认为一个永恒的话题就是表达对对方的欣赏，告诉他们"你比你自己想象得更出色"。

大家可以想象一下热恋时的情景，其中的一个典型特征就是你会觉得对方的一举一动都很可爱、美好，你会投入自己的情感，这种感觉会感染对方，从而产生更多的互动和积极情绪。

然而，大多数人通常只在男女吸引的阶段才会表现出这种情感投射。相比之下，在平常的日子里，如果你要让大家谈论他人的缺点，他们可能可以口若悬河，不停地抱怨。但如果你要他们说出他人的优点，他们可能只说出几个词就止步不前了。

因此，学会持续地发现、欣赏他人的优点，并且毫不吝啬地表达出来，是成为高品质伴侣的基本素质，更重要的是，对于各种人际关系，都是极其有帮助的。

五、鼓励分享，避免成为话题杀手

为了进行高质量的分享对话，需要营造一个鼓励沟通的环境。

如果你想成为一个优秀的伴侣，除了自己愿意分享自己的状态和想法外，还需要愿意聆听和鼓励对方分享。男性和女性在沟通中存在一个基本的心理差异，男性倾向于关注问题的解决，而女性更加关注情感的交流。

举个例子：

女生："你知道吗，有件衣服很喜欢，看了好几次，就等着打折的时候入手。可是今天去就没了，郁闷死了。"

男生："下次喜欢就直接买下来。"

女生："太贵了啊，好不容易等到这次打折，谁知道被人抢跑了。"

男生："看到适合的就下手吧。"

我们看这段对话，女生主要是在谈自己的遭遇和感觉（感觉：郁闷死了；好不容易……谁知道……）。而男生的应对，都是关注于问题的解决（喜欢就直接买下来、看到合适的就下手）。很多女性觉得追自己的男生、男朋友甚至老公，和自己沟通不到一个频率，这种男女思维上的基本差异，是一个重要原因。

在两性沟通中，当男性习惯性抛出解决问题式的语言，很容易导致话题草草结束。

观察在上面的案例中，男生的两句话：

下次喜欢就直接买下来。

看到适合的就下手吧。

这种语言，从沟通的角度其实有两个影响：

（1）给“喜欢的衣服没买到”这件事情下了个结论，例如“下次喜欢就直接买下来”。

（2）如果女生要接着男生的话题继续，那么就是针对新的话题，也就是男生抛出的解决方案进行讨论了。但多数情况女生的关注点并不是解决问题。

既然前面的话题（衣服没买到事件）被男生下了结论，而后面的话题（喜欢就直接买下来）女生通常不感兴趣，那么常见的结果就是这个讨论冷场，除非展开新的话题。

需要注意的是，其实在男生第一次“抛出解决方案”（下次喜欢就直接买下来）后，女生还是尝试继续衣服没买到的话题，但被男生再次封杀（看到适合的就下手吧），这种情况下基本上话题没法进行了。人家本来还有话跟你聊，你就这样硬生生地让她闭嘴，心里郁闷。久而久之不想跟你沟通了。

有趣的是，在上面的案例中，如果男生的角色是男朋友或者老公，很容易导致一个自讨没趣的后果。如果说“看到适合的就下手吧”，而女生话题被几次打断感到恼火的话，她一个可能的自然反应是什么呢？“没钱你给我买啊？”

本来可能女方没什么想法让男方来解决这件事情，只是交流一下状态。然后男方解决问题式语言直接把他也带入了具体问题中。

如果本来双方就存在经济方面的问题，或者男生对于自己经济能力比较敏感缺乏自信，很可能就变成吵架了，至少是不欢而散。

另外，这种解决问题式的思路，也很容易让男性误解女性的意图。例如“今天看到衣服好想买，太贵了”，很可能就是一个单纯的心态分享。但你理解为她提出这个就是希望你解决问题，那么就会导致这么几种结果：

第一种可能：你真的尝试帮她解决问题，你的钱包要做出牺牲了。

问题在于，可能你一次能这样做，但是否可持续呢？别的不说，女人的橱柜里，永远会缺少一件衣服。即使你这样做了，未必对方就会觉得很好。因为她的基本需求：情感沟通依然没有解决。女人需要能够和自己顺畅沟通的伴侣，这是其他事物很难代替的。所以在很多经济实力雄厚的家庭中，夫妻关系依然因为欠缺沟通导致很多问题。

还有一个问题，如果是在接触阶段，给对方比较贵重的礼物、过大的帮助可能反而让对方有压力，未必对方会接受。反过来会欣然接受的，恐怕想法是“男人追我送我这些东西是应该的”，这类人是不是好的伴侣值得考虑。

第二种可能：你错误地认为：她爱钱/想要利用男人。

很多人听到女生说这类的话，反应就是“她对我暗示什么”，进而开始觉得“她很爱钱/是不是想利用我”。其实多数情况未必如此。鉴于金钱和我们的生活有着密切的关系，如果一个人要分享她的生活状态给你，通常不可避免地会涉及钱。

第三种可能：你容易产生自卑感。

如果抱着“解决问题”的思路，你会发现和女生沟通中，她所分享的很多事情，她的很多情绪，要真正解决需要的能力和资源，可能远远超出了你的掌控范围。

以我的看法这些都是想太多了，忘记了两个人在一起，最基本的事情莫过于良好的交流与互动。

人们在追求心仪对象的时候，常见的一种思路就是“通过帮助解决问题来获得好感”。衣服贵，买买买。工作忙，帮帮帮。帮助对方解决问题当然是一种价值，但过于关注这个，却容易走上错误的道路。

帮助人们解决问题，提供这方面的能力与资源，能够让他们“需要”你。但要让对方接受你成为情人，关键是让他们“想要”你。

不少人做了千年备胎，从未转正。常见的一个问题，就是他们在尽力满足对方的各种需要，却从未在“如何让对方想要你”上面做过研究。

换句话说：备胎与情人的关键差异，就是需要与想要的差异。不少女生对自己男朋友/老公有一点很大的抱怨，就是他们不喜欢跟自己聊天，即使谈话也是就事论事。而很多男人的看法是，今天没什么问题啊，没什么可聊的啊。

我的一个朋友，和她太太在异地，每天太太打电话过来，他基本上就是“今天吃了什么、做了什么，例行公事进行汇报”，然后太太有很多抱怨，觉得他不愿意跟自己沟通。但他的看法是“今天没什么问题，有啥好说的呢”。

很多时候，对男人来讲，没有问题就不需要沟通。对女人来讲，没有沟通就是最大的问题。

回到买衣服的案例，如果围绕“分享状态”的思路，怎么更好地交流下去呢？

女生：“你知道吗，有件衣服很喜欢，看了好几次，就等着打折的时候入手。可是今天去就没了，郁闷死了。”

男生：“是吗？亲爱的，那件衣服是什么样子啊，为什么你这么喜欢？”（鼓励分享更多的细节和感觉，而不是导向结论）

女生：“黑色的连衣裙，穿上去挺合身的，而且V领正好配上次买的项链。”

男生：“上周你也是穿的黑色连衣裙，看上去给人感觉很沉静很有气质。这件衣服穿上去，和上周那件有什么不同的感受吗？”（分享自己的感觉，同时鼓励对方分享更多的细节与感受）

基本的规律是，分享自己的感受与细节，同时鼓励对方谈论更多的感受与细节。这样一个话题可以更深入地交流下去，而不是快速地下结论。

反过来如果你想做“话题杀手”“冷场专家”，甚至引发争吵，很简单，别人无论讨论什么，直接下结论就好了，而且最好是下那种不懂装懂自作聪明听上去挺傻的结论。

例如在上面的案例中，如果男生说一句“你不是已经有一条了，还要买，太浪费了”，这种沟通恐怕就被堵死了。如果你想成功地吵起来，不妨试试“你不是已经有一条了，还要买，你们女人就是爱乱花钱”。

需要说明的是，前面我们讨论男性思维与女性思维，但它们并非男性或者女性专有。例如很多女生，同样是话题杀手。一个人需要认识并且具备这两种思维，能够恰当地切换，在处理人际关系和沟通上才游刃有余。

六、诱惑的乐趣

恋爱这件事情，如果两个人同时彼此对上了眼，自然容易。但大多数情况，往往是一方更有兴趣，求不得的常常觉得痛苦。

事实上，两性之间最大的乐趣之一，就是追求的过程。前提是你要端正心态，重点策略在于诱惑，而不是推销。

有位读者跟我说：“我以前是个比较直接的人所以有一些感情游戏，我其实有时候，懒得跟人玩，只希望直来直去，一劳永逸地解决就好。”

但问题在于，无论是电影、小说还是恋爱，驱动我们的常常是那些尚待探索的内容。如果你想激发对方的好奇心与探索欲，最好是留有余地。就像能够激发起人们情欲的艳舞，往往不是一览无余，而是若隐若现，或者欲拒还迎。

曾经我在社交聚会上认识一位女孩子，她的笑容非常迷人。

聚会结束后我给她发了封邮件，标题是：

AAA（名字）：辞职离开（BBB 公司）吧

BBB 是她所在的公司

你觉得她看到这封邮件，会有什么反应？

她会好奇为什么会这样要求她，所以一定会读下去对不对？

然后邮件的前面行是：

BBB 是一家从事合法业务的公司。不要牵连到他们。

然后是一大堆的空白，需要滚动下去才能看到后面的内容。

你觉得她会读下去吗？一定会对不对，因为她的好奇心更强了，脑袋里面会想“为什么这么说”，这就是悬念的创造。

那么到底下面是什么内容呢？

空白后面的第一句，是“你的笑是毒品”。后面还有别的内容，但这句是核心。

然后我收到她的回信说：“我都快飘到天上去了。”

从她打开邮件到看完，也就是几秒的事情，但情绪却可能经历了好几重变化：

好奇（为什么）→紧张（到底发生了什么事）→困惑（为什么说“笑是毒品”）→开心（领会了这句话背后的含义）

当你懂得调动一个人的情感体验，就很容易给对方留下深刻的印象。想象一下如果我写封邮件“你好，很高兴认识你”，效果怎么样？

七、超越现实的情感体验

在情侣吵架时，有种常见的场景，就是男方对女方说：“你能不能现实点？”

而这件事情的起源，往往是女方要求一些浪漫的体验。

但一流的恋爱关系，本身就是超越现实的。

很多女性爱看韩剧。她们会把自己代入情节中，想象自己在这个虚拟世界里，会是什么样的场景。

我们人类的情感体验，从来就不是单纯来源于现实。而很大程度上来源于小说、电视、戏剧、电影、游戏，以及自己头脑中其他幻想产生的虚拟世界。我们头脑中存在很多幻想。其中一部分幻想会直接影响我们的恋爱。

举个例子，诸多女性对于婚礼都有一种憧憬，庄严的教堂、白色的长裙、神圣的音乐、跪地求婚的新郎，照顾女孩一生一世的誓言。她们这种强烈的憧憬是哪里来的呢？很大程度上就是各种媒介长时间植入的结果。

作为一名男性，也许你觉得婚礼这么搞真是无聊。但如果这是对方想象并且憧憬了无数次的婚礼，你是不是也可以配合对方圆满完成一下呢？如果你认定要选择她的话。

各位不要小看这件事情，帮助一个人实现内心隐藏的幻想，往往对于关系有非常大的帮助。

八、浪漫的产生

在文学中，有浪漫主义和现实主义。

按照定义，浪漫本身就是和现实、功利对立的。

浪漫是怎么产生的呢？

当不功利的行为满足了我们心中不功利的幻想，很多时候浪漫就产生了。

我有两个朋友，一男一女。有天他们有工作上的事情要商量，于是约见面。不知道谁说：“要不我们不要开车了，大家跑步，在中间点碰头吧”。他们住的地方都离北京路比较近，于是相约在北京路上碰头。

两个人跑着跑着，看见对方出现在自己的视野里。相视前进，碰头后一笑：“咦，怎么感觉我们在演电影。”

要从效率的角度来说，这就是不合理，开个车速度不是快很多吗？但浪漫这东西，本身就是反功利的。

不知道大家注意到没有，当我们脑海中经常出现一个人，尤其是和对方在一起的场景时，往往我们就觉得恋上了对方。换句话说，当我们在对方的幻想世界里有了一个牢固的位置时，对方才是恋上你了。而不是因为你在现实世界里的特定属性，例如拿了结婚证。事实上很多人一辈子都是有婚姻，没恋爱。

很多人追求自己喜欢的人，总是喜欢直接表白。但真正有效的是，你能够激发对方的想象。

九、恋爱：一个演员的修养

前面我们谈到，恋爱关系并非单纯现实世界的产物。事实上，如果要拥有甜蜜快乐的关系，其中一大法门就是创造出精彩的虚拟世界，收获同样真实的情感体验。

戏剧就是我们可以创造的一种常见虚拟世界。

前两天我看到《大明宫词》的一段台词：

男："这位姑娘，请你停下美丽的脚步，你可知自己犯下了什么样的错误……"

女："这位官人，明明是你的马蹄踢翻了我的竹篮，你看这宽阔的道路直通蓝天，你却非让这可恶的牲畜溅起我满裙污点，怎么反倒怪罪起我的错误？"

男："你的错误就是美若天仙，你婀娜的身姿让我的手不听使唤；你蓬松的乌发映满了我的眼帘，看不见道路山川，只有漆黑一片；你明艳的面颊让我胯下的这头牲畜神魂颠倒，忘记了他的主人是多么威严……"

用这样的风格去对话，是不是带有戏剧的美感？

毕加索讲过一句话："艺术是揭示真相的谎言。"

所以我们看各种艺术形式，往往它并非现实的写实，而是会强化来自现实的某些特征。

恋爱这回事，其实也是一种艺术形式，它强化了美和爱。如果要成为一流的情人，建议各位也抱着投入艺术的心态去恋爱。

十、我们一起玩吧

在亲密的恋爱关系中，双方往往会即兴创造出很多虚拟的场景，上演着戏剧、玩着游戏。反过来，一段仅仅停留在现实层面，却没有大家共同的虚拟世界的关系，往往不够好玩，也不够亲密。

从这一点看，要成为一流的情人，你最好是要有小孩的心态。

小孩的心态，其实就是典型的"享受现在"思维。小孩们的重点就是"玩"，自己的脚趾头也能玩个半天。和其他小朋友的中心话题是"我们一起玩吧""我们一起做游戏吧"。

顺便插一句，不知道你有没有注意到，恋爱中的人，很多时候会不自觉地"儿童化"，例如讲话都变得比较稚气。

很多人说不知道约会怎么约。很大程度上，约会这件事情就是“我们一起玩”。

这里涉及一个深层次的问题，就是大多数人“不会玩”。他们自己没法一个人玩得开心，享受不到多少乐趣。然后期望遇到一个人，这个人会带给自己幸福和快乐。

例如很多女性的梦想就是“遇到一个对的人，他会很爱我、很关心我、有幽默感、让我开心幸福、照顾我一辈子”。

这种思想本身就是幸福快乐的大敌。

幸福快乐这件事情，有一点和金钱很像，就是他们都是“嫌贫爱富”的。

做过实业的朋友可能知道，如果你的公司运作得很好不差钱，往往银行会找上门来，拼命想要借给你钱；反过来如果你们效益差、资金紧缺、情况危急，想要更多的钱，反而银行会远离你。

同样的，一个人越是自己难以快乐幸福，往往他们急迫地期望从外界得到。但另一方面，他人和你的交往价值低，同时在关系中这样对对方的压力很大。所以反而那些幸福快乐的人容易远离你。

幸福快乐是每个人自己的责任，也是通往高质量关系的前提。

十一、恋爱中的两大销售误区

在此前，我们讨论了分享式对话和娱乐式对话，接下来是关于销售式对话。

在恋爱中，有两个常见的重大错误：

一是确定关系前：急于确定关系（拼命追求与表白）。二是确定关系后：急于改造对方（拼命改变对方）。

第一个错误，前面已经谈到过了。恋爱的基础是“享受现在”，但很多人一旦发现中意的人选，就急切地想要达成目标。但没有高质量的分享与娱乐，没有两人互动的乐趣，关系本身就没有基础。

第二个错误，在长期恋爱关系和婚姻中非常的普遍，就是想要改造对方。

前面我曾经举过一对夫妇的对话：

太太：“刚才我到 AAA 家去了，他们小区很漂亮，每个房间采光都很好，而且小孩可以对口进入 BBB 学校，幼儿园也就在小区里面……”

老公：“你想说什么就直说。”

太太：“你是不是可以换一份工作啊，多赚点钱我们就可以换房了，这样将来小孩读书也方便。”

老公：……

太太：“你怎么这么没有上进心啊，你看 CCC、DDD……”

这是来自现实的案例。太太想要换房子，于是她的想法是“如果我老公每年多赚 20 万，目标就达成了”。

她经常在各种对话中，透露出这个想法，即使有朋友在场，也抓住各种机会有意无意地进行销售，甚至有时他们会直接吵起来。

然后我跟她说：“换房子这件事情吧，你老公貌似并不感兴趣。你想让他跟你一起努力也不是不可以，但问题在于，我觉得你现在工作的态度也就是当一天和尚撞一天钟，马马虎虎，也不算很努力。对小孩的照顾也不算上心。然后你去拼命地对对方说你要加油，这件事情在对方看来很不合理，你的愿望凭什么要我来努力啊。所以如果你真的要说服你老公呢，能不能自己先把自己的事情做好，对方看到你的努力，才更容易愿意一起来做。”

她跟我说：“男人就应该多赚钱啊。”

抛开“男人是不是应该多赚钱”这个话题不谈，在幻想的世界里，你觉得“应该怎样”就可以想象成怎样。但是在现实的世界里，你必须首先考虑到事实是什么样的。事实是她老公对这件事情没多少兴趣，对换工作也并不热衷。脱离现实一味按照自己的想法，在现实中难免碰得头破血流。

关系中最糟糕的事情，就是很多人把改善的希望都寄托在对方的改变上。如果我老公赚更多的钱我们的日子就好过啦。如果我女朋友脾气好一些，我们的关系就好啦。

关注别人的问题很简单，你只需要指手画脚就可以了。但是关注自己的问题就难了，因为需要动手改变。

好的关系往往是对自己提高要求，对对方宽容，或者至少是自己实现了高标准之后再去要求对方。糟糕的关系就是自己向低标准看齐，对对方用高标准要求。

十二、吸引甚于推销

大多数人追求他人的手段，就是“表白＋满足他人的要求”。如果你也是这种思维，那么无论多么努力，恐怕在“成为一流情人”的道路上，都在朝错误的方向前进。

表白这件事情，其实核心是“表达你对对方的需求”；而满足对方的要求这件事情，其实是“让对方需要你”。但要想成为他人心目中的情人，核心是“让对方想要你”。而要实现这一目标，关键是创造出强烈的吸引力。

怎么做到这一点呢？

倒追恋爱学中，有一个基本的思路是前三次你们的交互，应该做到让对方“想要－想要－还想要”。换句话说，你们的每一次沟通，应该给对方超出期望的情感体验，让对方觉得“哇，和 TA 一起很有意思，我还想要更多”。于是对方愿意把更多的时间给你，这样就有了下一次约会。而在下次的沟通中，继续创造出一流的情感体验，于是有了再下一次。这就是体验营销。

从这个角度，又回到了“享受现在”重要性的问题了。当你和喜欢的人在一起，如果你把重点放在推销（做我的男朋友/女朋友吧），除了造成紧张的气氛，也浪费了这段时间，忽略了“创造一流体验”的机会。反过来，如果你们的每一次约会，都是有趣、温暖、亲密、激动人心的，最后走到一起也是大概率的结果。

享受好现在，让每次的经历成为难以忘怀的独到体验，让对方觉得“选择 TA 是最好的结果”，结果就可能自然地发生。

十三、解决问题式对话

尽管恋爱的基础是浪漫，但长久地相处，还是总会有现实的问题。因此热恋可以凭一时的冲动，但要长远的高质量关系，解决现实问题同样是不可缺少的。

解决问题式的对话，和过程导向的对话（分享、娱乐），有一个根本的区别。过程导向对话往往是弯弯绕绕，但解决问题式的对话，通常是效率导向，讲究直达要点。也就是说，浪漫型的沟通，和效率型的沟通，思路很多时候是恰恰相反的。

这个世界上大多数人最多仅仅精通一种沟通方式，例如在职场上，有些人处理事情的时候，沟通简明扼要效率很高。但是他们这种沟通习惯也带到了恋爱中，导致对方觉得很无趣。反过来另外一些人，可能善于讲浪漫的情话，但在处理现实问题的时候，沟通却缺乏要点、逻辑和效率。

更好的是你能够整合这两者，该浪漫的时候浪漫，该讲效率的时候讲效率。

（一）情侣关系的 4 个象限

前面我们谈到了 4 种两类的对话类型：

享受现在型（过程价值对话）：分享式对话、娱乐式对话。

达成目标型（结果价值对话）：销售式对话、解决问题式对话。

那么根据这两种类型对话的质量高低，我们可以把情侣关系分为 4 个象限：

1.双低

大家的沟通既缺乏分享与乐趣，也谈不上有效解决问题。

这种类型的关系，只能说是得过且过。仔细分的话，还可以分为以下几种。

（1）聊胜于无：关系还是有些价值，比没有要好。

（2）形同虚设：跟没有差不多了。

（3）不如分手：破坏性的关系，还不如早点分掉。

2.过程价值对话质量高、结果价值对话质量低（能享受现在，不能解决问题）

情感的沟通不错，但是缺乏解决现实问题的沟通能力。

在热恋阶段，这种感情是可以维持的。但一旦长时间相处，如果情侣无法有效沟通解决存在的现实问题，恐怕也很难长远。

所以这种类型我称之为短暂甜蜜。

3.过程价值对话质量低、结果价值对话质量高（能解决问题，不能享受现在）

大家解决现实问题的沟通很有效率，但是却缺乏情感的互动，浪漫气息严重不足。

这种我称之为效率伙伴型。两个人更像工作上的合作伙伴。

4.双高

这种我称之为幸福成功型。当我们享受过程的时候，我们是幸福的；当我们达成目标的时候，我们是成功的。

这样的沟通质量，大家既有很好的情感互动，也能够就解决现实问题进行很好的交流，可以持续地维持和升级关系。

（二）亲密关系类型

各位可以对号入座一下，你们的亲密关系类型是什么样子？你的基本能力能否支持你实现幸福成功？

1.甜蜜幸福的恋爱关系中，更多的时间用于过程价值导向的沟通，也就是分享式对话、娱乐式对话，而且沟通质量高、互动性好。

2.平淡的恋爱关系，往往更多的时间用于结果价值导向的沟通，也就是销售式对话、解决问题式对话，沟通质量一般。

3.糟糕的恋爱关系，基本上全都是销售式对话、解决问题式对话（结果价值导向），而且沟通质量非常低，很容易导致负面情绪。

恋爱，其实是恋和爱两件事情。

大多数人是恋上一个人，才愿意去爱。人脉广受欢迎的，往往他们爱很多人，恋少数人。分享美好的东西给他人，是爱的基本形式。大多数人表白的爱，其实核心是表白的自己的欲望。浪漫产生于不功利的幻想，恋爱本质上就不是现实功利的。

才子曾观察过很多夫妻之间的交流，往往缺少伴侣间的默契和温馨，反而像是一场面试。当夫妻们只聊一些琐碎的生活细节时，其实没有太多内容可言，频繁无意义的聊天反而让两人间的话题更加乏味。因此，有些人会使用一个非常实用的技巧——编故事，以此来丰富话题，激发想象力，增进夫妻之间的互动。

首先，通过编故事给对方提供价值，男人需要认可、崇拜。举个例子，如果男人在晚上要睡觉前发信息说要睡了，如果你直接回复“晚安”可能就丧失了一次深入沟通的机会。因为像“晚安”这样的回复不会引起对方的兴趣。相反，你可以编一个故事回复他：“昨晚我做了个梦，梦到你了。”这时，他一定会问你梦到了什么，接下来就是你的“表演时间”了，你可以说：“梦到我们在一起旅行，看到了美丽的风景。”这个故事中的价值是提供了对方希望了解的信息，比如你想和他一起旅行，也让他感到你在乎他的想法和兴趣。如果你想要与他约会，你还可以通过故事直接邀请他，“明天一起去喝杯咖啡吧？”

其次，要让双方有参与感。举个例子，如果你发了一张晨练的照片，有人评论说：“哎呀，我被你的自律给感动哭了。”这时候你可以回复：“要不要我去哄哄你”或者“那我等一下去给你擦擦眼泪”。无论你回复哪个，你们都会有一个场景，这会让对方有参与感，从而增强交流的互动性。

亲密关系，很大程度上需要大家一起创造出虚拟的世界（即兴游戏与戏剧）。

吸引他人的有效方式，不是拼命表白和讨好，而是活在当下，在与对方的互动中，创造出超越对方期望的美好情感体验。

与其寄希望于改造他人，不如成为更好的自己。

第三节　夫妻沟通中要避免触及这些雷区

一时冲动说出的话，可能会让夫妻之间的关系变得非常脆弱，不要因为认为是一家人就可以肆无忌惮地说话，实际上经常让人感到伤心的话往往是另一半说出来的。现在我们来看看夫妻在沟通方面需要注意哪些事项。

一、不要用命令的口吻

夫妻之间经常使用“你应该”“本来就是要”“你给我”等措辞，这些词语都带有强烈的主观意识和强硬的语气，听起来让任何人都感到不舒服。如果一方经常这样说话，另一方可能会感到自己在家庭中没有地位，没有被尊重，从而产生抵触情绪，导致双方之间产生隔阂。掌握发言技巧非常重要，建议使用商量的方式来表达自己的想法，比如“你觉得可以……吗”“你认为……怎么样”等等。避免把自己当成古代的君王，把另一半当作臣民。夫妻之间应该平等相待，彼此尊重。

二、不要用放大镜看问题

“见微知著”虽然是一句至理名言，但并不是所有事情都适用，特别是在处理夫妻问题时更要小心。例如，丈夫因工作繁忙而忽略了对妻子的关心，妻子可能会过度解读这种行为，认为丈夫不再爱自己，或者胡乱猜测丈夫在外面有人等等。这种行为通常是一种自我烦恼，因为男人通常比女人更加粗线条，不像女人那样心思细腻和敏感。实际上，很多事情在冷静思考后都是一些平常的琐碎小事，如果过于纠结于这些小错误，就会给自己和对方带来无尽的烦恼。

三、不要把自己的想法强加给对方

每个人都有自己的想法，但夫妻间喜欢玩“心有灵犀”的游戏，认为彼此非常了解，能够猜到对方的心思。虽然这种游戏平时可能会增进感情，但是在发生矛盾冲突时却可能变成利刃。特别是女性，常常自认为是“情感侦探”，如果丈夫的行为不合她的心意，就会推理出对方的心理，然后认为对方就是那么想的。男性则会觉得女方不可理喻，心中生怒，要么不愿意解释，要么干脆随意地顺着她说。然而，这种做法并没有任何帮助，反而可能导致误解的发生。建议在这种情况下，夫妻双方应该平心静气地直接表达自己的想法，而不是凭空揣测对方的想法或草率地下结论。

四、不要波及长辈

在夫妻之间，说出“你跟你爸一副德行！”或“你就向着你的妈妈！”这种话绝对是一个禁忌。即使是再大度再冷静的人，如果听到这样不尊重家人的话也难免会生气。吵架是夫妻生活中常见的事情，但都说吵吵闹闹才是两口子，床头吵架床尾和解。只要负面情绪宣泄完了，自然就和好如初了。但是一旦把旁人，特别是长辈亲属牵扯进来，问题就会变得严重。对方会认为你不尊重大人，也许就此对你心存芥蒂，甚至因为感到心寒而逐渐疏远你。“孝”是一个人最基本的道德，如果连这一点都无法做到，所有的沟通都会失去了意义。

五、彼此让一步

夫妻关系应该是建立在互敬互爱的基础上，而不是把对方当成敌人。夫妻需要相互包容，理解和忍耐，共同面对人生中的挑战和困难。为什么我们可以容忍敌人的中伤，却不能宽容爱人的无心之失呢？为了争取一时的胜利而在口舌之争中一较高下显得太过幼稚。当你用刻薄的言语伤害对方的时候，虽然会得到暂时的快感，但随之而来的是内心的后悔和痛苦。就像一块木板被钉了很多钉子，即使之后将钉子拔出，木板上仍然留下了许多伤痕。夫妻之间的争吵是生活中的调味品，但过度的争吵只会让关系变得更加疏远。因此，当你们面临争吵的时候，试着停下来，冷静思考，用平和的语气表达自己的想法和感受，相信这样的沟通方式会比吵架更加有效。

六、明确说出你的需求

有时候直接说“你没考虑到我的感受”会让人感到不舒服，但如果用“我需要你的关心照顾我的感受”，同样表达的意思，对方可能更容易理解。不要让对方去猜测你的想法，就像你也不应该试图猜测对方的想法一样。这样做是徒劳的。举个例子，如果一位女性想要一枚戒指，她可以直接告诉她的丈夫，而不是把手伸到他面前晃动并问：“你不觉得我的手很空吗？”如果丈夫有所思考，第二天她可能会收到一份礼物，但可能不是她期望的戒指，而是手套。夫妻之间应该坦诚相待、明确交流，而不是互相斗心理战。

因此，夫妻之间的矛盾通常是由于不恰当的言语引起的，因此说话和谐、说好话是夫妻和睦相处的重要条件。

一位女士向人述说她的婚姻：“我和丈夫的交流越来越少，有时候一整天也说不上几句话。当我主动与他交流时，他总是随意地应付。我感到很不自在。”还有人说：“婚姻是爱情的坟墓，这话一点也不错。婚前他总是说甜言蜜语，但婚后却变成了讥讽话。现在我们一开口就会争吵，真是奇怪！”

在婚姻关系中，有许多类似的抱怨，都是因为夫妻之间的沟通不良所导致的。沟通不良会引发各种矛盾和冲突，使得家庭经常处于“冷战”或“激战”的状态，有时甚至会导致婚姻的破裂。因此，可以说，沟通不良是导致许多家庭婚姻问题的根源。那么，夫妻沟通不良的原因有哪些呢？

雷区一：违背相互尊重和平等的原则，试图控制、压制或改造对方。这种不平等的态度对夫妻沟通极为有害。

雷区二：只关注外表而忽视内在。例如，一方宁愿得罪配偶也不得罪亲戚、朋友等，这会损害夫妻之间的联盟，容易破坏夫妻的认同感。

雷区三：很多人在结婚后会相信，另一半会永远爱自己，日复一日地生活在一起，认为对方已经非常了解自己，不需要过多的言语来沟通，也不需要太多的礼节。但实际上，礼节是尊重的表现方式，而相互尊重则是良好沟通的一个重要前提。

雷区四：有人认为在婚姻中，对方能够完全理解自己的意思，因此不需要过多解释和说明。但事实上，夫妻之间应该努力让对方理解自己的意图和想法，至少不要误解自己，表达直白而不过度。应该学会让对方了解自己内心的感受，而不是让对方猜测和摸索。

雷区五：处理问题时，要保持透明度和隐私权之间的平衡。有些人对于对方的小秘密过于在意，而不允许一定程度的私密性，这会妨碍夫妻之间的良好沟通。然而，对于夫妻和家庭共同利益的重大问题，需要充分商量，并在达成基本一致意见后共同执行。

雷区六：缺乏调情示爱的习惯，缺乏生活情趣，认为“没有时间沟通”，或者强调“已经结婚多年了”，甚至认为调情示爱是“不严肃的行为”。但实际上，调情示爱可以培养浪漫情感，增强夫妻之间的凝聚力。

雷区七：忽视采用夫妻都能接受的方式来协调双方之间的差异，比如性格差异。如果妻子喜欢说话，常常批评丈夫无能、不负责、做错事，在妻子面前丈夫就更不愿意说话了。沟通困难通常是两人相互反映的结果。如果一方沉默，另一方就应该学会倾听。

雷区八：在家庭中，有时会出现三人世界或多边关系的情况，这时夫妻难以找到沟通的时间和空间。因此，创造夫妻单独相处的时间和空间是非常重要的。

雷区九：忽视性知识及性沟通所带来的积极影响。夫妻之间的性沟通有助于促进双方的情感交流，增强夫妻间的亲密关系。同时，性知识也是夫妻间理解和尊重彼此性需求的重要基础。

夫妻关系疏离和婚姻家庭问题的产生往往源于不良的沟通方式。良好的沟通则像阳光一样滋润夫妻之间的感情，像铲除杂草的工具一样帮助夫妻解决问题。

夫妻之间在沟通中可能出现的问题有哪些？

首先，情绪和理性之间如何平衡。例如，妻子为丈夫泡了一杯茶，但丈夫喝了一口后却直接吐出来，说“这茶叶发霉了，我已经跟你说了要把茶叶放进冰箱里，可你就是不听！”虽然丈夫说的是对的，但妻子肯定会感到不舒服，她可能会想：“我好心为你泡茶，你还挑剔这个挑剔那个，以后你自己泡吧！”这时妻子的情绪会立刻上升。

让我们换个场景，比如丈夫给妻子倒了一杯热水，妻子喝了一口后吐掉了：“这么烫，你差点烫伤我了！”这时候，丈夫也会感到不舒服。尽管妻子说的是事实，她的情绪和语气却可能导致矛盾加剧。因为丈夫更关注的是情绪层面，而妻子更关注道理层面。因此，我们应该注意，在沟通中更注重情绪，而非对错。有时候，尽管自己在道理上胜利了，但却在感情上失败了，这也会导致矛盾加剧，而且这还是沟通中的第一大陷阱。

其次，没有描绘事实而是描绘了评判。每个人的情绪和经历都会影响他们对事情的看法和判断。例如，丈夫最近经常加班晚归，如果妻子只是客观地询问“你最近为什么总是这么晚回家？”可能不会引起太大问题。但是，如果妻子因为丈夫不在家而感到孤独无聊，或者因为丈夫不在家，自己不能完成一些家务劳动，这时妻子可能会做出一些主观评判。一旦妻子说出“你要是不回来就别回来了”这样的话，丈夫接收到这样的信息后就会导致矛盾升级。

第四节　沟通，拉近两颗心的距离

夫妻生活在一起，是天长日久的事。生活中如果少了沟通，那一定会多了猜测，时间长了，两个人的思想就会越来越远。我们要认清夫妻生活中沟通的重要性，因为只有经常沟通，才能了解彼此心中所想，才会化解误会，重新拥有快乐。沟通能让彼此的心靠得更近，能让家庭更和谐美满。夫妻双方一定要时常沟通，让彼此更多了解。

一、借出你的耳朵，倾听丈夫的心声

现代社会，男人工作和生活上的压力越来越大，他们需要倾诉，需要一双耳朵给予他关注和温暖。但遗憾的是，很多女人一旦结了婚，就染上了唠叨的毛病，一天到晚都把丈夫的耳朵塞得满满的，根本不给他说的机会。

作为一位称职的妻子，你要细心观察你的丈夫。特别是当丈夫心烦意乱、十分消沉的时候，你要用爱心去安抚他，让他从情绪的低谷中摆脱出来。当你的丈夫跟你说起他的烦恼时，作为妻子，要认真倾听，因为你的丈夫这时非常需要你的关心与安慰。

蓉一直暗恋与她从小一起长大的邻居涛，不过涛只把她当做小妹妹，并无什么特殊的情感，况且涛已经有了女朋友。一次，与涛合伙办公司的人携款潜逃，让涛多年的辛苦付诸东流。心灰意冷的涛被女友一通臭骂并提出分手后，心情更是沮丧到了极点，就找了蓉一起去酒吧喝酒。

涛一瓶接一瓶地喝，从最初的创业一点一滴说起，蓉就仔细听着，偶尔在他新开一瓶酒的时候，说一句："别再喝了。喝多了身体受不了。"涛一直说着，而蓉就始终在默默地听，后来她叫了辆出租车，把涛送了回去。

第二天，涛清醒后就去找蓉，他发现自己再也不能忽视这个女孩的心意了。如果此刻自己不说出来，是会后悔一辈子的。他结巴着说："我想……我们能不能在一起……相处一下。"蓉愣了半天才回过神来。盼望已久的话

竟然因为自己的倾听赢来了，激动的双眼里充满了泪光。

一年后，他们的新婚之夜，涛对她说：“亲爱的，知道你陪我那一晚带给我的是什么吗？我第一次发现你是那么的美丽，你身上像是披了一件有光芒的外衣，虽然你一直在听我的倾诉，但是，我感觉得到你沉默的背后是相信我和肯定我。这对我来说很重要。”

一位心理学家说：“作为一个妻子应该做的一件重要事情，就是让她的丈夫尽情地倾诉在办公室里不能宣泄的苦恼。”作为妻子，一定要做丈夫最好的听众，而不是三心二意，心不在焉。

夫妻间，沟通的首要环节不是先要求对方来了解自己，而是自己先要冷静用心地倾听对方的意思，以理解其所要表达的感情。每个人都迫切地寻求别人倾听自己的心声。但在现实生活当中，很少有人能够用心倾听别人的心声，因此产生了很多冲突。

王先生匆匆忙忙地回到家里，顾不上休息，就兴奋地嚷道：“亲爱的，你知道吗？今天真是个值得庆祝的日子！董事会把我叫过去，向他们详细汇报有关我做的那份区域报告，他们称赞我的建议非常不错……”

他的妻子却没有表现出高兴的样子，显然在想着别的事情：“是吗？挺不错。亲爱的，要吃酱猪蹄吗？咱们家的空调好像出了点问题，吃完饭你去检查一下好吗？”

“好的，亲爱的。我终于引起董事会的注意了。说真的，今天在那么多董事会成员面前，我都紧张得有些发抖了。不过情况很好，甚至连老总都很赞赏，他认为……”

他的妻子打断他的话：“亲爱的，我觉得他们根本不了解你，也不重视你。今天孩子的老师打电话来，要找你谈一谈，孩子最近成绩下降了不少。对于你的宝贝儿子，我已经没有任何办法了。”王先生终于不再说话了。

从王先生的故事中，我们可以想象，当你的爱人有一肚子的话想要倾诉，兴致勃勃地要说给爱人听的时候，对方却心不在焉，根本无心倾听，他的心中是什么滋味？每个人都会遇到开心或者不开心的事，都需要向别人倾诉，来缓解和放松自己的心情。善于倾听的女性，能让丈夫感觉到她对他的爱、理解和尊重，倾听是对他最大的安慰和鼓励。

大多数女人总是喜欢喋喋不休地说，迫不及待地把自己的想法告诉对方。还有些女人会埋怨说："他从来也不和我说话，什么事情都不跟我说。"但是，她们没有思考一下，自己是否准备好了听他诉说，是否真的在意他说什么。

男性一般不想听劝告，他们需要的是认真地倾听。毕竟，办公室里通常没有发表意见的机会，遇到特别高兴的事情，也不能引吭高歌。遇到不痛快的事情，也不能向同事倾诉。因此当他们回到家里时，都需要宣泄一番。如果你不能安静地听丈夫说话，不能适时地给予安慰，那么你们的感情终究会出现问题。

男人不只需要你时常夸奖他，不只需要你关爱的叮咛，更需要你留一只耳朵听他说话，听他的喜怒哀乐，能够静静地与他分享他的一切。那么女人，请准备好你的耳朵，让男人尽情地倾诉吧！善于倾听的你，才是一个真正聪明的女人，才是一个称职的、让他感到温暖的妻子。

其实，丈夫对你的倾诉，从侧面可以看出他对你的信任。那么，听了他的失意，你鼓励他；听了他的烦恼，你安慰他；听了他的成功，你表现由衷地祝贺和赞扬。你在聆听时的专注会让他感到温暖，你在聆听时的文静会让他赏识，你在聆听时的修养会让他折服。

善于倾听的女人是智慧的女人，你的倾听会让他心甘情愿为你打开心灵的窗，你的倾听会让你掌握丈夫的一切喜怒哀乐。套句时髦的商业用语来说，这是双赢。

倾听双方的心事在婚姻生活中是一种美德，也是一种涵养，通常需要通过后天的锻炼来加强自己这一方面的能力。作为妻子的你们是否都做到了这一点呢，在婚姻生活中，这点是很重要的。

身为妻子的你们是否体会到了爱的最高境界呢？或许在婚姻当中爱一个人很容易，但不容易的是倾听。要想维持好的婚姻，就学会去倾听吧。每个人都希望得到别人的理解和关注，在别人需要你时，做一个好的听者胜过千言万语的说教。

倾听是婚姻生活中一个最基本的技巧，如果能很好掌握这一技巧，不仅是维持婚姻生活的良方，还会给工作和学习带来很大的帮助。只要你肯用心地听，就能听到人世间最真挚、最和谐的音符。

二、莫让婚姻出现“沉默症”

很多夫妻在忙于工作之后，失去了交流沟通的时间，等到真正开始交流沟通时，沟通的内容就已经成为离婚协议书了。这不能不说是现代家庭婚姻生活的悲哀。人与人的相处，都是靠理解二字。如果没有理解，陌生人之间是无法慢慢接触成为朋友的，更别说在家庭世界里了。在这个世界里，两个人之间不同的习惯、脾气遭受着重重考验，如果没有理解和交流，互相不信任、互相不理解，如何能打造一个温馨的家？理解是双向沟通的过程，不能单项的要求某一方面来主动理解自己，所以，夫妻之间不要彼此抱怨不理解，而是要积极沟通。

有这样一对夫妇。丈夫是一名交警，女人在家持家。警察的工作非常辛苦，节假日得不到休息。妻子好容易等到他回家了，但丈夫往往是累得进屋倒头就睡，妻子想跟他说说话都没有机会。丈夫执勤时经常会遇上不遵守规则或不服从管理的违规者，被群众误解甚至发生冲突的情况也时有发生，所以丈夫回家时常心情不好、烦躁、爱发脾气。妻子十分心疼丈夫的工作辛苦，于是主动承担了绝大部分家务，尽量不让他为家里的事情操心。但是她的辛苦并没有换来丈夫的理解，他对家里的大小事情不闻不问，好像妻子所做的一切都是理所当然的，为此妻子很伤心。同时，为孩子中考的事情妻子很烦恼，孩子该报哪个学校，怎么报志愿，学费的筹备等一系列问题，这些妻子都希望和丈夫商量，但丈夫却说顺其自然，这使妻子很气愤。于是妻子开始诉说多年的委屈，一面哭诉，一面抱怨丈夫不理解自己，结果妻子的表现激怒了丈夫，他生气地喊起来："你现在怎么越来越啰嗦了，是不是快到更年期了？你要是觉得我不好，干脆离婚算了！"

家人在一起，最重要的就是开心，矛盾虽然不可避免，但是只要积极沟通，就会使大家的交流更为顺畅，避免不理解的状况出现。通常，家人之间的关心和理解，都显得极其隐蔽，只要你细心体会，就会发现家人其实是很理解自己的，只不过有时候不是用明确的语言表达出来。

如果没有理解和沟通，即使曾经再深厚的感情，也经不起岁月变化的打磨。因为我们总是在不断地变化，我们的思想、观念，甚至工作、接触的人，都在不停地随着时间的沉淀而发生大量的变化。如果没有理解和沟通，你会发现，你在爱人眼里，会成为一个陌生人，爱人在你眼里，也会慢慢成为一个陌生人。两个陌生人，如何组建美满的家庭？

在感情的世界里，夫妻双方仅靠理解是很难维系感情的，很多时候，沟通和交流不仅可以舒缓双方各自的压力，还能够让彼此的感情历久弥新，能够让夫妻双方都感受到拥有一个美好家庭的快乐和幸福。经常沟通与不沟通，对家庭的影响都是巨大的。

有这样一对夫妻，他们曾经遭遇过婚姻的瓶颈，他们的婚姻也曾一度面临破裂，但是，最终他们却顺利地度过了这道坎，小日子反而越过越幸福。其中一个十分重要的因素就是"沟通"。在这对夫妻的世界里，每月的最后一个星期六，都是他们约定的"沟通日"，不管有事没事，这天都是他们的二人世界。

这对夫妻在各自的单位都算是业务骨干，都受到领导和单位的器重，因此，他们的工作都十分繁忙，所以，小两口总会为一些琐碎的事情吵嘴。过去，在商场当营业员的妻子站了一天柜台，腰酸腿疼，下班后还要接孩子买菜烧饭。丈夫是路桥工程师，常冒着烈日在工地上跑，晚上回家时也早已精疲力竭，连话都懒得多说。结果，他们感觉婚姻生活慢慢变了味道，常常是他要求她“温柔”，却总是听她唠叨抱怨；她希望他“体贴”，他却发火说我在外拼命挣钱还不都是为了你们娘儿俩，回家了当然应该让我休息放松看看电视……结果，往往是夫妻俩刚开口说话还没几句，就争吵起来，摔盘子扔碗，把孩子吓得大哭。夫妻俩吵完架后，不愿意和解，总是冷战好几天，家里冷冷清清不说，更让双方感觉到压抑。时间长了，连他们自己都觉得再这样下去，婚姻就毁了。

为了挽救婚姻，夫妻俩冷静了几天，商量好后，一同走进了心理咨询室。在心理医生的建议下，两人约定：每月抽出一天，即把每月的最后一个星期六定为固定“沟通日”。届时坚决把所有的杂事都放下，把孩子送到外婆家，而后夫妻俩就骑车来到恋爱时常来的公园边，或心平气和地互相沟通交谈家事，安排下个月的生活，或毫不遮掩地数落、批评对方，或干脆就脸红脖子粗地痛痛快快吵上一架。等到发泄、抱怨之后，两人都感觉到十分轻松，往日恋爱的感觉又重新出现了。

“沟通日”的力量还真是不可小看，自从开始这样每月做彻底沟通之后，小两口互相体谅、理解了许多，以往争吵的情况很少出现了。家务活虽然没有减少，但是双方都默契地分配着做，和和美美的让人好生羡慕。

但是，像这样能够经常沟通、交流的家庭毕竟还是太少了，很多家庭都是出现了问题和误会，就用吵架解决。在现今生存压力日益增大的情况下，如果再加上家庭矛盾，夫妻间都无法相互支持，那家庭的存在还有什么意义？

需要注意的是，尽管沟通对家庭生活环境有很好的调节作用，但是一般情况下，男人的话都不多，如果女人不主动和男人沟通、交流，那他们就更难与你坦诚相待了。所以，作为女人，不要总等着问题出现之后才知道着急，平时应该主动和丈夫多沟通，这对你的家庭有百利而无一害。

三、不要伤害丈夫的自尊

婚姻中，“男人靠捧，女人靠哄”。在经营婚姻的过程中，对彼此的了解和互相迁就是非常关键和重要的，有时候往往一两句随意的话语就会直接伤害到对方的自尊，特别是生来就喜欢“把爱意通过唠叨进行表达”的女人们更应该注意。你可以唠叨，但在唠叨的同时最好不要轻易在你的男人面前说伤自尊的话，这样会影响到夫妻感情乃至婚姻的稳定，这可是女人们应该掌握好的婚姻艺术。

小张的老婆几乎天天要跟他吵架，常常骂小张“没用、无能、窝囊”等伤自尊的话。每当这个时候，他都感到非常痛苦和愤怒。吵架的原因是家里买了一套房子没有写小张老婆的名字，她知道了意见很大，并且她妈妈觉得自己的女儿嫁给小张很吃亏。小张跟他老婆有两年多的感情了，放弃又舍不得，现在跟她说话都变得非常小心了，怕提到房子或钱会让她不高兴。但是小张说，除此之外，其他时候老婆对他也很好，天天下班她先回家，煮好饭等小张回来吃。可是因为走不出这个困境，小张还是感到很累，甚至想离开家去别的城市。

对一个男人最大的蔑视莫过于否定他的力量和能力了，而“窝囊废”这个词无疑是对男人自尊的最大的挑剔，特别是当这句话从最了解、最亲近自己的女人口中冒出来，其对男人的打击也许会是颠覆和致命的。

其实，男人有没有用并不全是根据实力和眼下的境况来评判的，有很多人都是有实力没机会，也有很多人只是眼下的境况不好。同时，从另一个角度来说，一个男人能力的强弱也是对一个女人能力的评判。结婚当初，大多数女人都是心甘情愿进门的，婚后也给了女人大量的时间去雕琢，男人这块石头能否成器，女人的功劳也不可忽视。

在传统的男人的观念里面，一个女人选择了一个男人，就意味着选择了和他同甘共苦。其实，真正的、最大的幸福应该是两个人互相搀扶、鼓励着一起创造的。越是有点“窝囊”的男人越是有着一种内心的自卑，而这种自卑是需要用鼓励去淡化的。所以，聪明的女人面对这种男人应该是鼓励多于埋怨，只有这样才能起到积极推动的作用。

事业的成功和能力的体现是男人最看重的部分，一味地讽刺挖苦只可能将男人置于绝望的境地。每个男人的能力各有差异，既然女人选择了，就应该面对现实。不能让男人觉得自己没用，不能在物质上满足妻子的要求，也不能让他觉得妻子是个势利眼，爱钱不爱人。这样丈夫既会对自己不满意，同时也有足够的理由对妻子不满意。

一个女人去一个同事家，这同事嫁了一个有车有房的老公。她心生羡慕，于是回家跟老公说同事家的房子有多好，说也要努力赚钱买房买车。估计这些话说了有好几次。两天过后，她的老公跟她说起他的工作，他一直想转行，女人也支持他。可是女人在谈话的同时，又把同事的家境拿出来说了一遍，结果老公就不乐意了，觉得女人的意思就是在暗示他的能力不足，看不起他，让他感到非常恼火。

其实，说到底还是女人对男人能力的一个否定，同时还包含着女人对金钱的渴望和崇拜，而男人恰恰最厌恶、最怕的就是女人的拜金了。在大多数男人看来，太过拜金的女人是短视的，更是不安全的。

其实，建议女人完全可以换一种说法去表达同样的信息，其结果就会完全不一样。聪明的女人往往会这样说：人只要努力改变命运，还是挺快的。瞧人家张三李四，相信我们也会很快好起来的！

当然，不止以上提到的这些话，还有许多伤自尊的话都是不能在日常生活中出现的。也许本意是好的，但是在对方听来，就会产生隔阂。久而久之，婚姻危机也就应运而生。到时候再去挽回恐怕为时已晚。

要知道，无论女人多么聪明和坚强，都应当尽全力维护男人的尊严，不要伤害丈夫的自信和自尊。聪明、事业有成的女人更应该学会在丈夫面前经常撒娇、示弱，甚至可以找一些特别简单的，他可以脱口而出的问题来问他，给男人更多的自信。女人不要以为谁赚的钱少，谁就应该多做家务。丈夫做家务是出于爱护妻子，所以对这样的行为一定要多肯定。

自尊是男人敏感的神经，一旦触动，压抑就会轰然而发。男人的灵魂一样脆弱，最怕别人瞧不起，被人说成没本事。每个人都应该受到尊重，特别是亲密的爱人。所以女人更应该时刻注意自己的言行，多理解对方的难处，不伤害对方的自尊，这就是在维护家庭的和睦。

四、让赞美成为丈夫前进的动力

有人说，赞美是女人生命中的阳光。其实，男人也一样，他们一样喜欢听到他人对自己的肯定和赞美，这会让他们有一种价值感，并因此充满自信。可以说，恰到好处的赞美是打在男人身上的一针强心剂。

很多时候，男人无论外表怎么坚强，他的内心都是柔软脆弱的，需要你的安慰和抚摸，需要你温柔肯定的言语。可是，当他带着期望回家，迎接他的却是妻子皱着眉头的脸和不停地唠叨；当他带了一束玫瑰花回家，妻子却漫不经心地丢在一边，开始谈论朋友新买的钻戒多么漂亮。当女人不再感激男人的付出，甚至无视他的心意时，男人还会渴望回家，还会觉得家是温暖的港湾吗？

当丈夫事业上出现波折时，作为妻子，应该给丈夫一些指导，而不应该对丈夫说：“你从来都不会为自己争取，我甚至怀疑，你敢不敢对一只鹅说一个‘哼’字！”这种话只会打击丈夫的自信心，让他失去努力的动力。

要知道，如果你的丈夫确实不行，他的老板会毫不留情地告诉他。但是在家里，做妻子的就要鼓励他——只要努力，人人都会成功。如果你总是对丈夫说“你无论如何也不会成功”，那么他可能真的永远也不会成功。

作为女性，不要对男人的要求过于苛刻，过分挑剔，更不要拿别的男人来和他比较，应当温柔地鼓励他、赞赏他，为他打气加油，努力寻找他身上的闪光点。妻子对丈夫的赞美不仅能满足丈夫的虚荣心，维护他作为男人的面子，同时也能不断地给他输送能量。

当他把一件很平常的事情做得非常圆满，当他向他的梦想迈出了小小的一步，你就应该马上开始赞美他。这时候你的赞美不仅仅是一种肯定，更是在增强他的自信。你的赞美会改变他以后的人生观和处事方法，他会感到他有义务和激情去更努力地工作，为了家庭、为了妻子、为了两人以后的美丽人生而努力。

当男性听到妻子诸如“你真是了不起”“我为你感到骄傲”“我能拥有你真是幸福”的赞美时，几乎都会觉得心花怒放，高兴得跳起来。在现实生活中，有许多成功的男性用他们的经历充分证明了赞美的巨大力量。

有一对年轻的夫妇，两年前还做着零散的短工，后来发现鲜花行业很有发展，就开了一间花店，生意非常兴隆。面对别人的称赞，这位妻子总是说：“以前不知道我那口子有这么多才能，他实在是没有找到发挥的天地。现在他不但是一个好经理，还是一个优秀的策划。真不知道他从哪儿学来得那么多知识，能告诉任何一位顾客该给送花对象送什么花。”

妻子的夸奖，使那位男人更加努力地学习和勤奋地工作，也使花店的生意越来越红火，夫妻关系更是越来越和谐。

要知道，一味地抱怨不能使男性进步，最好的方法是找出他已经施展出来的才华，赞美他、鼓励他。当他信心不足的时候，找出他曾经做过的有勇气的事情，比如："记得那一次为了减少部门的浪费情况，你对老板的提议吗？这样一件需要极大勇气的事情，你已经做到了啊！真是不简单。"就算是再懦弱的男人，听了这样的话也会继续努力。

聪明的女人，不要吝啬你的赞美。在他拖着疲惫的步伐回到家时，真诚地说一声："你辛苦了！"这会让他感到温暖和幸福，让他的疲劳消失殆尽。短短的一句话表达的是你对他的理解和尊重，还有对他深深的爱和浓浓的情。

要知道，好老公是夸出来的，只有毫不吝啬地赞美他，让他深刻感受到你的爱意与体贴，让他在你的赞美中觉醒奋起，那样，婚姻才会更坚固、更美满。所以，当你对丈夫不满意的时候，不要抱怨，要相信发自内心的赞美是一个激励他改变的最有效办法，能够使他发挥出最大的能力，走向成功。

五、批评点到为止，讲究方式

我们要想拥有家庭的天伦亲情，就要学会多积感情，少生是非；多些谅解，少些批评。这样，家才能成为你幸福的港湾。有的夫妻用批评和谩骂来攻击对方，这无疑是愚蠢的行为。专家也证实，50%以上的婚姻不幸福，原因之一就是那些毫无用处却令人伤心的批评。

在夫妻关系中，批评者为了化解冲突或拉近与配偶的距离，或是觉得自己有理，在对方无理的时候，便会批评对方。批评时，总要挑毛病，向对方传达的信息是："你在某些方面有缺陷，让我有意见。"当然，批评的目的是影响对方，让对方有所警觉，从而改变不良的行为或习惯。但批评不是穷追猛打，点到对方明白即可。如果揪着不放，就会使对方有意避开你，或奋起反抗，或记恨在心。

在婚姻当中往往会遇到很多不愉快的事情，作为伴侣，要学会去包容和宽恕。面对伴侣的缺点，要适当地批评，让伴侣自觉去改正。

如果对方犯的不是原则性错误或不是正在犯错误的现场，就没必要"真枪实弹"地批评。用温和的语言，只点明问题，或者是用某些事物对比、影射，也就是平常所说的“点”到为止，从而起到一定的警示作用即可。

中午，公园的鲜花被太阳晒得微微弯下腰来，松紧挨着华坐下，对她说：“华，你是世界上最美丽的女孩。你瞧，就连这公园里的鲜花，在你面前都自愧不如地抬不起头了。而也只有你丈夫，才配做烘托你的绿叶。”

“不，你看，那仙人掌为什么还直挺挺地站立在面前呢？”华一边用手指着仙人掌，一边用炯炯有神的双眸凝视着松。“你怎么用它来比喻。仙人掌呆头愣脑，皮又厚，身上还长满了刺，好让人讨厌啊。”松顺着华的话题说。“是啊，你说它为什么不知道害羞呢？”至此松终于恍然大悟。原来，华明里是说仙人掌的不足，实际上是在用它批评松，话中有话，一语双关。既含蓄地批评了松甜蜜的媚言，又委婉地指责了他在婚姻生活中像仙人掌一样呆头愣脑，没有情趣。

婚姻中的生活就是这样，夫妻两个是要相互体谅的，批评的时候切忌没完没了。给伴侣一个台阶下，让伴侣正视事实，然后去改正缺点，这样不仅让人容易接受，也远胜过不停唠叨或是不停责骂的效果。

批评更要看场合，在公众场合或是亲朋好友满座的情况下，一定要给对方足够的面子。实在要批评，也只能是点到为止，严重的问题，回家关起门来才好说。

李先生是一个典型的争强好胜的大男子主义者，他的妻子霞既美貌又聪明。为了显示他征服美女的自豪与骄傲，无论做什么事，只要霞在身边，他不是颐指气使，就是指东喝西。在一次同学聚会时，当大家正玩得高兴时，李先生发现没有烟了，便将一个空烟盒抛给霞，示意让她去买烟。霞当然明白他的意思，却明知故问：“亲爱的，没有钱怎么买烟呀？”李先生一听自己的指令打了折扣，就没好气地对霞说：“用钱去买烟，这是谁都会办的事。如果不花钱买来烟，那才说明你才貌双全呢。”霞早就厌倦了他这一套不尊重别人的粗暴作风，但考虑到有朋友在场，又不忍心让他难堪，于是就一声不响地出去了。

不一会儿，霞回来交给李先生一个烟盒。李先生接过来一看，不满地质问道：“这是一个空烟盒，怎么抽啊？”霞泰然自若地说：“从有烟的盒子里抽到烟，这是谁都会的事。如果能从空烟盒里抽到烟，那才是真正的有本事。”在李先生的无地自容与大家的哈哈大笑声中，霞笑盈盈地打开另一盒烟分发给同学们享受起来。李先生本想在大家面前显示一下自己征服美貌女人的威风，没想到霞以其人之道还治其人之身，反倒让他不好意思了。

霞的做法是很巧妙的，她既不在众人的面前让丈夫难堪，而且还很巧妙地批评了丈夫的大男子主义，这就是聪明人的做法。所以，聪明的夫妻不会让批评成为摩擦的原因。他们提出批评时会讲究方法，例如，语气平和，语言文雅，不蔑视、咆哮或满腹牢骚。要知道，没有礼貌的批评会让对方马上进入防守状态。“你从来都不听我的，老是乱花钱！”“你根本不把我放在眼里！”“你总是这样！”像这样的句子只会增加交流的难度，如果改成“我们是不是应该节省一下开支，我担心我们花得太多了”，效果可能会好得多。而最不明智的批评方法是一旦开头，就把所有的陈年老账都翻出来，这样根本于事无补。

在批评对方时，有的人常常喜欢使用命令和指责的语气，而不是商量的语气，这也是不可取的。况且，在爱人之间，唠叨、对对方过多的指责，是会影响夫妻感情的。但是，夫妻生活中没有了批评就一定会和谐相处吗？不一定。关键在于夫妻批评要讲究方式方法，要注重正确性，讲究时机，没有“火药味”，批评时不忘给对方留下一定的余地。然而有些人就不是这样，他们总是不肯善罢甘休，非要将对方批评得体无完肤，毫无还手之力。他们的出发点虽是好的，却将结果推向了反面，进而影响了夫妻感情。所以，夫妻之间可以批评，但要讲究方法，否则就会适得其反。

六、夫妻之间不要乱开玩笑

生活中，夫妻之间难免会发生一些争吵。当夫妻俩吵得不可开交时，如果冷不丁说上几句幽默俏皮的话，往往会使争吵戛然而止，并黯然窃笑。

幽默是夫妻矛盾的缓冲剂，虽然不能解决矛盾，但可以化干戈为玉帛，是缓解冲突的微妙之方。但是，在运用幽默时，也要适当地把握幽默的时机和火候。

燕跟她的爱人结婚已有30年，他们的婚姻曾几度亮起红灯。燕说，他们两人之间，不存在外遇问题，生活中也没有特别大的矛盾，她就是受不了爱人整天开无聊玩笑的习惯。她说，一些无聊的玩笑开多了，就让她感觉是爱人心中有所想、有所为了。心里常会生出一种被侮辱，被亵渎得不快，是一种相互不信任的表现，太伤感情。

燕说，有一次两人从超市购物出来，爱人接到一个电话，是别人想请他当红娘。有一位在银行工作的单身女性想在高校找一位男士为伴。挂了电话后，爱人就对燕说，刚才别人说，这是位六几年出生的女士，有车，有房，无子女负担，就想在高校找个人，年纪大点也没关系。哎，咱们回去签字离婚吧。

听爱人说这话，燕的心里当时就一沉，说："什么意思？"燕前一阵子已经写了离婚协议，是想跟他离婚。但他不愿意跟燕分开，不愿在离婚协议上签字。燕觉得，既然他不愿意跟自己离婚，那就是想好好呵护两人的婚姻。可现在听他这样说，燕倒觉得他现在是想跟自己离婚了。

那天回家后，燕通宵未眠，一直在思考这个问题。她从爱人时常开的一些无聊玩笑，说得一些莫名其妙的话中，体会出他内心的一些真实想法。第二天早晨，她就跟爱人说了自己的所思所想，并跟他正式分居。分居后，爱人还是不肯在协议上签字，最终燕上诉到法庭，跟爱人提出离婚。

毕竟是30年的夫妻了，经过法庭调解，燕又撤回离婚诉讼。可没想到，他依然我行我素，还是经常跟燕开一些无聊的玩笑。

其实，夫妻间开玩笑并不是不可以，但是夫妻间的玩笑应该保持距离。毕竟，玩笑本身是一种爱，而不是伤害。倘若因为夫妻亲密无间、无话不谈而滥用幽默，就会因为太随便而流于粗鲁无礼，违背了幽默的本义，不但达不到开心的目的，反而会挑起夫妻矛盾。

小张和小刘是一对新婚夫妻。一天晚上，夫妻俩出去散步，边走边聊天。小张对小刘说："我爸妈住旧房子，把新房子让给咱们住，我们一定得孝顺他们。"小刘点头称是，并且说："我爸妈养育我20多年，你也得孝顺我爸妈。"小张虽然认同小刘说的话，但心里更想孝敬自己的父母多一点，于是半开玩笑地说："嫁出去的闺女泼出去的水，你爸爸妈妈应当让你哥嫂孝敬。"小刘一听当了真，就斥责小张不尊重自己。小张本是开玩笑，没想到小刘会生气，感觉很没面子，便和小刘争吵起来。

两人把新婚的柔情蜜意抛到脑后，越说越惹对方生气。听到小张贬低自己的言语，小刘觉得很委屈，越想越气恼，便跑到路边的大坑旁，要跳水自杀，幸亏小张反应敏捷，一把将小刘拽住。但小刘不依不饶，声称要和小张离婚。小张当然不愿离婚，两人拉拉扯扯，相持不下。

一句玩笑，让新婚夫妇闹到了离婚的地步。由此可见，在夫妻间开玩笑时，一定要掌握好分寸、时机和火候。不要用挖苦、无知、讽刺的幽默，而要用快乐、活泼的幽默，适当保持一点距离，还要考虑到对方能否接受。

人们往往因为对方是自己的爱人，彼此熟悉亲密，所以在生活中说话便无所顾忌，有时说话没有分寸、有时开玩笑过了头、有时一吵架便说些伤感情的话。殊不知，一次两次说错话了还无妨，如果这样的事情发生多了，纵然两人对对方的个性完全了解，但有时过头的、伤心的话还是会让人心里不快，以致影响到夫妻感情。因此，夫妻之间说话不可太过随便，开玩笑一定要把握分寸。

七、把命令换成和颜悦色的商量

日常生活中，我们经常可以看到身边有不少人对自己的爱人言谈举止不够礼貌客气，喜欢发号施令，太过于随便，以致矛盾丛生。

翔不知是第几次在朋友面前埋怨他的老婆了，还是老话题：老婆对他太随便，总喜欢用命令的语气跟他说话。无论是吩咐他做事还是在外人面前说话，一点都不客气，根本没考虑他的想法，对他的态度简直连对同事都比不上。为此翔万分苦恼，甚至动了离婚的念头。可他老婆却还开玩笑：“我这不是把你当自己的亲人看待才这样的嘛。”

要知道，命令的对话往往会成为夫妻拌嘴的开始，受委屈的一方联想起诸多的不顺，更容易引发深层的争吵。夫妻二人组成一个家庭，就需要互相和颜悦色，笑脸相迎地商量事情。毫不客气地命令，只会让对方心生不快。当负面影响过多时，严重的就会导致婚姻破裂。

说话的语气很重要，不管是已经有主见的、决定好的，还是尚未敲定、需从长计议的，都应当和颜悦色。收起自己的命令态度，才会让双方都参与其中，都乐于接受，让事情变得完美，也不会留下太多的不满和遗憾。把命令的语气换成商量的语气，这会增进夫妻之间的感情，使婚姻更加美满幸福。

日子是两个人一起过的，所以遇到事情，自然要两人一起协商，不能搞一言堂，不能只管自己高兴而不顾对方的想法和感受，比如如何花钱的问题，如何教育小孩的问题，夫妻要做到遇事共同商量，要克服婚前的自由主义、个人主义的习惯风格，要有家庭观念。无论哪一方都应该顾及对方的存在，顾及对方的感受，要有基本的自制力。否则，只顾自己高兴，最终必然会使大家都不高兴。

一个正处在幸福婚姻中的丈夫说："我和妻子几十年的婚姻生活，从没红过一次脸，感情深厚，我们的家庭还多次被评为五好家庭。回顾我们的历程，除了恋爱时送过日记本、书之类的，结婚后，我从没自作主张给妻子买过什么礼物，妻子也从没因为我不送礼物而有任何不满的表示，因为她知道，家里的大小事务，我都和她商量着办。家里添什么大件当然要商量；逢年过节，拜访老人、亲戚朋友，送什么礼物，要商量。我和她各自在外面看到适合对方的衣服款式，一定是一起去看、去试、去商量，穿着合适，价格合理，就买回来。要是觉得价格太贵，妻子往往会记住样式和面料，和我直奔服装市场，扯一段相同的面料，自己画一张款式示意图，让裁缝依样缝制，几乎只花一半甚至更少的钱，同样能穿上心仪的款式。我们的生活虽然平淡，但很温馨、美满。"

两口子过日子，大到买房要商量买多大，小到买菜要商量买什么菜、买多少斤两。这样过日子，生活才能甜如蜜。商量，体现了你对爱人的尊重和信任，让对方明白他和你是平等的，都是这个家的主人。商量，还能表达你对爱人的欣赏和依恋，让对方感觉你离不开她，让对方感觉到自身的价值和在你心目中的重要与珍贵。

第五章　学会经营，架起美满婚姻的桥梁

在人生中有许多重要的选择，其中包括爱情、婚姻和家庭。这些选择对于一个人来说至关重要。如果在婚姻中，夫妻双方不懂得调整自己并经营好婚姻，那么即使是最完美的情侣也无法避免遇到困难。

第一节　经营婚姻如同经营公司

经营婚姻就像经营一家公司一样。在婚礼上，亲朋好友最常使用的祝福是“白头偕老”，这是希望相爱的人能够一直走在一起。同样，开创一家公司时也是如此，没有人希望它很快倒闭，而是期望它成为一家百年企业。

然而，现实告诉我们，美好的愿望并不总能实现。据统计，全国超过半数的公司在第一年内就倒闭，同样的，很多婚姻也会在第一年就宣告破裂。无论我们愿不愿意面对这个事实，它都是存在的：公司可能破产，婚姻也可能失败。

公司倒闭的原因通常是缺乏盈利，缺乏足够的资金。为了使公司生存下去，必须拥有足够的资金。同样的，婚姻破裂的原因通常是双方缺乏爱情。为了维持长久的婚姻，必须善于经营婚姻。

一个事业心极强的妻子，因为忙于实现自己的理想事业，暂时没有要孩子，离开了自己的丈夫前往外地发展。由于工作太忙，探亲的时间也逐渐缩减，从一年四次缩减到一年一次，仅在每年春节回来与丈夫相聚。在短短三年内，她辛勤耕耘，终于升任为副总经理。然而，当她争取到长假回家想要给丈夫一个惊喜时，却惊讶地发现一个女人在厨房里炒菜，丈夫则在旁边帮

忙洗菜，两人一起谈笑风生，看起来像一对幸福的夫妻。她被眼前的一切惊呆了，直到那个女人走后才回过神来。她用力敲打餐桌，声嘶力竭地问丈夫：“为什么？这是为什么？”丈夫跪在她面前说：“本来想找个合适的机会和你谈谈，但你一直太忙了。今天你亲眼看见了，我知道错了，但我的心已经全部给了她，再也回不来了。我们还是离婚吧，我什么都可以不要，尽可能地给你补偿……”

妻子对错失婚姻而感到不甘心，决定去找那位女子谈谈，希望挽回濒临破裂的婚姻。在路上，她准备好了自己要说的话，希望通过谈判来解决问题。她想要表现得从容不迫，说：“你受过高等教育，应该知道你现在所扮演的角色是不光彩的……”但那位女子却打断了她的话，说：“请你不要在没有自我反省之前向我兴师问罪！请你扪心自问：这几年你是一个好妻子吗？你的丈夫生病需要照顾的时候你在哪里？他遭遇挫败需要抚慰的时候你又在哪里……”一系列的反问让妻子开始意识到自己对丈夫的忽略和疏远，但已无法再挽回已经失去了爱的婚姻。

在我们生活中，很多人认为结婚后拿到结婚证就能享受法律的保护，对方就永远是自己的了，一切就都顺利了。然而，这种想法忽略了一个重要的事实，即法律虽然能保护我们的婚姻，但却不能保证双方之间的感情。因此，提前开始经营我们的婚姻是一种明智的选择。以下几点可以作为尝试的方向。

一、要注重婚姻生活

夫妻应该共同认识到婚姻是人生的基石，是家庭的中心，需要坚守不渝地维护它。具体来说，夫妇应该随时坐下来审视他们的婚姻状况，找出优点和需要改进的地方，并一同努力改善和进步。当遇到困难时，也要共同考虑如何解决。另外，夫妇也需要花足够的时间关心对方。有些人可能会以工作繁忙或身体疲惫为借口，忽略了对方的心理需要和夫妇生活的维护。同样，有些妻子也可能会因为需要照顾孩子或老人，而忽视了丈夫的需求和夫妇之间的感情生活。

忙碌的家务和工作的确是一个客观事实，并且可能是一个合理的理由。

但就像一个人总是以忙为借口不去看医生、进行必要的检查一样，夫妇若不花时间照顾婚姻，到了问题出现时就会追悔莫及。

二、关心夫妻的关系

有些人为了不让爱人担心，会隐瞒一些不好的消息，包括工作上的不顺利或身体的不适。然而，这样的做法实际上是把爱人当成了幼稚的人，而不是成熟的伴侣。当遇到问题时，两个人应该共同面对和承担困难，而不是一个人扛着。此外，爱人可以提供客观的意见和其他的想法，用不同的技巧和方式来处理问题。隐瞒事情并不是在保护爱人，而是没有充分利用爱人的智慧来提供帮助，这是不尊重爱人的表现，也没有好好商谈来应对困难。能够合作处理问题的夫妻是真正健康的，他们能够互相扶持、共享快乐，并且能够在外界联合一致。成熟的夫妻应该扮演相配和相补的角色，充分发挥双方的功能，互相体贴和照顾，提供意见和建议来解决问题。

三、满足男女双方的心理需要

为了维持夫妻关系的长久，需要注意到夫妻这对“男女”之间的心理和情感需求。心理学家的研究表明，男性内心渴望两种女性：一是忠实、贤惠、勤劳、善于家务的妻子，二是温柔、浪漫、多情的情人。而女性内心则希望有两种男人：一是真诚、可靠、强壮的丈夫，能够关心照顾家庭，二是潇洒、幽默、富于情感的情人。

根据另一种心理学理论，每个人都有三种状态：父母状态、成年人状态和儿童状态。一个健康的人能够平衡这三种状态，并在适当的情况下表现出不同的状态。在夫妻关系中，如果双方都能够理解和配合这三种状态，就能建立一段幸福美满的关系。例如，当一方生病时，另一方可以展现父母般的关怀，而在交流问题时，双方则应该以成人状态相互交流。此外，尽管夫妻可能忙于工作、育儿和照顾父母，但也应该留出时间，让夫妻两人单独在一起沟通交流。一些简单的活动，如散步、逛街、看电影或短途旅行，可以打破单调的日常生活，增加生活情趣，保持夫妻间的感情。

四、保养婚姻，避免伤害婚姻

为了保持美满的婚姻，需要时刻保护它，避免自己无形中破坏婚姻或让第三者介入。在夫妻争吵时，要注重就事论事，表达自己不满的地方并解释自己的情感，但不要过分渲染，说出伤害对方情感的话。夫妻关系就像左右手，用一只手打另一只手，对自己也没有任何好处，只会坏了自己。此外，不要做出对方会不喜欢的事，比如妻子明确告诉你她不喜欢在家里养宠物，但你却执意要做，这只会让妻子不高兴。如果夫妻经常忽视对方的意见，那么就会破坏彼此的感情，这等于是放弃了婚姻关系。

婚姻就像一只玻璃杯，里面盛着的内容可以是清淡无味的白开水，也可以是令人回味悠长的咖啡、甘甜的果汁或是曼妙多姿的鸡尾酒，取决于你的调配技巧。

第二节　保持距离，让婚姻喘口气

结婚使得两个人亲密相处，分享同样的生活空间、饮食和活动……然而，默契则是更深层次的互相理解，即使只是一个眼神、一个手势，甚至是一些尚未被表达出来的想法，都可以引起对方的共鸣和理解。然而，很多夫妻在相处太久之后，除了拥有默契外，也会感受到审美疲劳。

似乎，完全没有隔阂的夫妻关系不一定是最理想的。夫妻之间过于亲密，有时可能会带来矛盾和问题。适度的距离可以增加感情上的吸引力，因此在夫妻之间，保持适度的亲密和距离是更好的选择。也就是说，夫妻关系中要保持亲密，但也需要注意保持一定的距离感。

一、夫妻之间应该有多少距离

西方心理学家的研究表明，男女热恋的感觉通常只能持续三个月左右。法国思想家泰恩曾经说过："结婚的定义就是互相研究了三周，相爱了三个月，吵架了三年，彼此忍耐了三十年，这就叫婚姻。"

夫妻日复一日地生活在一起，婚前的神秘感逐渐消失，两个人都展现出了真实的一面。在家里，人们可以放松下来，不必再戴上面具：衣着随意，言谈随心，姿态随意，甚至打呼噜……每天下班回家，竟然发现其实也没有太多可以交流的话题。或许，妻子会不停地唠叨，丈夫则会生气发脾气，甚至可能出现摔盘子、砸碗等行为。

男女需要每三个月离一次婚、再结一次婚才能幸福吗？当然不是。实际上，家是一个又烦又想念、让人难以拒绝的地方。蒙田曾说过："瞎太太配上聋先生，将是世界上最完美的婚姻。"这话的意思是夫妻要保持一定的距离，有些事可以不看见，有些话可以不听见。只要保持好夫妻之间的距离，就能够互相欣赏彼此了。

常言道，"距离产生美"，适当的距离感能营造出一种朦胧之美，加深彼此间的情感。人的精神世界需要相对独立的空间，每个人都需要一些空间，不仅仅是物理空间，还包括心灵空间。如果没有这些空间，爱情就很难自由生长。如果夫妻之间过于亲密而没有任何距离感，时间长了，距离矛盾就会慢慢积累，最终导致爆发。

一对夫妻曾长时间过着周末相聚、彼此渴望的生活，因为当时没有住在一起的机会。然而，当他们终于拥有了自己的房子并天天在一起时，新鲜感逐渐消失，琐事也随之而来。他们曾相互敌视一段时间，直到同时意识到渴望和期待能增添彼此的吸引力，生活也能更加有趣。而这种渴望和期待所带来的距离并非指物理距离。

距离作为一种客观存在，具有其存在的价值，这一点不容置疑。举个例子，夫妻整天生活在一起，难免会因为对方的缺点而发生争吵。假设妻子气冲冲地回到娘家，三五天之后，她的愁消气解，同时也多了一份对丈夫的思念和珍视。独自在家的丈夫也会因此意识到妻子的重要性，并增加对妻子的理解和思念之情。因此，夫妻之间的关系会得到修复，而且，感情也会因此得到提升。

我国社会学家曾对上海 300 对夫妻进行了“你希望朝夕相伴，还是短暂别离”的问卷调查，发现竟有 271 对夫妻选择了后者。这从一定程度上说明，夫妻每天在一起并不是夫妻的期望。夫妻终日相伴，之间也会产生某种程度的无形距离，只是没有意识到罢了。

所以说，夫妻之间应该有一种适度的距离，因为即使有婚姻的保障，还是要独自面对许多问题。夫妻本身就是两个独立个体组成的，又是在不同的环境中生活了至少 20 多年。各自有不同的遗传基因，不同的成长经历，不同的交往圈子，彼此的性格、志趣、习惯、爱好都有区别。要想使两个不同的独立体关系更融洽，那就需要保持适度的距离。

许多人错误地认为，夫妻之间应该是完全亲密、毫无保留的，没有任何隐私。但实际上，夫妻之间有一定的陌生感是有益的。留有一些空间和私密性，可以让他们互相欣赏对方，并有机会深入了解彼此共同的时光。

因此，夫妻之间应该保持适度的距离。在经历了一段时间的平淡生活后，可以有意识地给对方一些自由空间，因为每个人都应该有自由行动的权利，即使是亲密的夫妻关系也不应该束缚对方。但是，这种距离不是可以用简单的尺度衡量的，过于接近会导致摩擦和争吵，过于远离又容易导致疏离和失控。适度的距离需要在实践中摸索，让彼此在若即若离、若有若无中找到平衡点。

二、有了家庭也不能丢掉朋友

在生活中，朋友对每个人来说都是非常重要的。朋友之间的关心、帮助、体贴有时候可以胜过兄弟姐妹，胜过夫妻之间的关系。并且，深厚的友情往往比爱情更真挚、更持久。然而，有一部分人，尤其是女性朋友，一旦坠入爱河，就会完全沉浸其中，忽略了过去的友情，也不再珍惜那些深浅不一的友谊。她们常常以“太忙了”为借口。

一位家庭主妇陪着孩子上英语课，像其他家长一样坐在教室外等待。三位和她年纪相仿的妈妈坐在她对面，似乎彼此很熟悉，一直在聊天。其中一个妈妈的话让她深受启发。她说结婚后逐渐疏远了以前的同学和朋友，甚至连同学聚会都不能参加，只认识老公的朋友。最近和老公关系紧张，想找个知心的朋友倾诉心事，可电话簿里居然找不到一个朋友可以倾诉。突然联系以前的同学或朋友，仅为了诉说心声，她觉得也不妥。向家人寻求帮助也不合适，因为她不想让家人担心。

如果你是女性朋友，可能会深有同感。女性通常情感优先，一旦陷入爱情，就容易疏远友情。她们常常借“工作忙、家务累、带孩子”等理由而无法抽出时间与朋友相聚。这种情况往往是相互的，大家都忙于自己的小家庭，热情、心思和时间自然就被占满了。朋友变得无关紧要，只要老公开心、孩子快乐就足够了。因此，在现实生活中，女性更容易抱怨“婚后再也没有朋友”，相比之下，男性抱怨这个问题的较少。这是因为女性在婚后生活中，生活重心和话题的改变比男性多得多。因此，相较于男性，女性更需要打开心扉，积极与人交流沟通，摒弃一些自我防御的心理障碍，真诚地接纳他人，维护旧友，并结交新的朋友。

毕竟，无论男女，生活中都需要朋友。朋友是支持你的人，是和你一起站在一起的人，是可以和你敞开心扉谈论问题、让你感到安全的人。研究表明，有朋友的关心和支持，能够减轻因生活中遇到的困难而带来的压力。拥有朋友的人，身心健康状况更好。

朋友之间最有力的影响在于彼此建立起的深厚亲密感。你们可以相互倾诉内心，谈论梦想和希望，也能坦率地分享恐惧和忧虑，毫无保留地交流。朋友不仅能够在各方面给我们提供帮助和支持，还能扩展我们的社交圈、拓宽我们的视野，丰富我们的人生经验。

有一天，友情和爱情相遇了。爱情问友情："既然有了我，你存在的意义是什么？"友情笑着回答："爱情可能会让人流泪，但是友情的存在就是帮助我们擦干眼泪。朋友偶尔会为你担心、替你操心、让你开心、逗你欢心，让你放心。真正的朋友懂得如何关心彼此，这样的关怀难得一见。在你感到伤心时，不妨和我倾诉；痛苦时别忘了与我交流；失望时也要告诉我；生病时一定要通知我；遇到困难时请找我帮忙；开心时也别忘了我。只因为两个字——'朋友'，这就已经足够了。"

女性朋友常常在拥有爱情和家庭后，因为种种原因与朋友疏远，这使得她们的生活和视野越来越狭窄。

当然，我们应该专注于爱情和家庭责任，但专注并不等于放弃其他感情，负责也不意味着忽略其他关系。认为只要专注和负责就能维持幸福、家庭和生活的稳定是错误的，因为生活是无法完全预测和掌控的。生活需要变化，需要丰富和更新。一味地守旧和故步自封只会使生活变得平淡无味。因此，女性在结婚后，不应该舍弃婚前的生活和朋友，也不应该放弃自己的兴趣爱好、社交活动和其他感情联系。保持这些，能够使个人变得更加丰富、多元化，从而更好地更新和完善自己。只有这样不断地发展、变化和完善，才能让家庭生活变得多姿多彩，同时保持爱情和幸福长久。

因此，在婚后不应因婚姻而束缚自己，而是要继续拥有自己的朋友和社交圈。毕竟，两个人的家庭相对来说是一个狭小的空间，如果我们只局限于这个小小的空间，我们的生活和思想会变得越来越狭窄，越来越受限制。这样的生活是枯燥无味的，而且夫妻之间也可能会逐渐感到厌倦。

因此，婚后不能排斥婚姻之外的关系，要继续保持自己的爱好和维护自己的社交圈，维持那些同样来之不易的情感。只有这样，我们的个人发展才能得到不断完善和发展，对家庭生活也会带来很多好处。

三、不强求加入对方的私人朋友圈

一个人一旦走进婚姻，就必然要面对许多变化和调整，这也包括结束自由的单身生活。在单身时，人们可以参加无数的聚会，与不同的朋友圈、同学圈、同事们相处。但是，一旦有了温馨的小家庭，是否应该放弃独自参加社交活动，而是一起参加呢？还是各自独立，坚持自己的方式？有时，夫妻的性格互补，共同努力可以让事情更加完美。

查理夫人在这方面非常擅长。她的丈夫是某个协会的会长，而她的才华在协助丈夫方面得到了充分的发挥。她被朋友们称为“转移话题专家”，因为她有一种能力，知道何时以及如何转移话题才能达到最好的效果。

如果她的丈夫在聚会上离开了主题，她就会抓住一个适当的时机说：“亲爱的，为什么不讲讲某某议员的事情呢？”这样很快就可以转移不太愉快的话题。

查理夫人还知道如何让她的丈夫不会因工作上的应酬而过度疲劳。每当她的丈夫结束演讲时，许多人都想与他握手交谈，并围在他旁边谈上半天。这对他的健康非常不利。此时，查理夫人会在适当的时机引开他们，让丈夫尽快脱身。

女性具备施展个人能力的技能，能够从容应对各种社交场合。夫妻一起参加聚会时，妻子若能够充分发挥自己的能力，就能帮助丈夫赢得新朋友、创造机会。但有时候，丈夫参加的聚会并不适合妻子的兴趣和技能，妻子可能会感到束手无策、局促不安。在这种情况下，不强求参与对方的私人圈子会更好，这样可以满足双方的社交需求，而不会让任何一方感到尴尬。

然而，我们无法否认许多人想要通过了解另一半的朋友圈子来更好地了解他们。这是因为他们相信只有完全了解对方，才能感到安心，了解对方的品行是否高尚，在其他人朋友面前的表现如何，是否对自己保有真实性。因此，很多人会请求加入对方的私人朋友圈，以期更好地了解自己的另一半。

也许在恋爱时，他们没有那么强烈的感觉，认为恋爱是两个人的事情，认不认识对方的朋友并不重要，只要两人在一起开心快乐，互相陪伴，就足够美好了。但随着关系加深，好奇心也变得更重，甚至想窥探对方的一切，希望全面了解对方。这种心态在进入婚姻后变得更加严重。

莉娜曾渴望融入她老公的朋友圈，聆听他们的聊天内容并了解他们的学历和职业。但她老公的同学和朋友都是研究生或博士，拥有令人羡慕的工作和可观的收入。他们的专业和工作内容也相似，但是莉娜无法理解他们所讨论的话题，只能尴尬地坐在那里。

当他们客套地问及莉娜的工作情况时，她礼貌地回答："我在一家私人公司工作。"然后就再也没有下文。莉娜说她当时感到这些人总是把自己排除在外，让她感到不舒服。之后，她领悟到："也许我们并不在同一个圈子里，强求也无济于事！我有我的生活习惯，而他们也有他们的生活方式。最好还是以自己的方式生活。"

莉娜这种情况属于强求自己加入对方朋友圈的，但因为学识和见闻的差异，反而让自己感到无所适从，也难以融入。相比之下，有些人会遵循顺其自然的原则，先过好自己的生活，而在不经意的时候，多留意一下，就从侧面了解到老公的朋友们。比如像程女士这样的人。

程女士说，自从有了孩子以后，她就专注于照顾孩子，没有再涉足老公的人际关系圈。另外，她的老公也觉得在工作场合带着家人有些不合适，所以过了几年，除了她知道老公的收入增加了之外，她对老公的其他情况一无所知。

最近一段时间，程女士的老公接待了很多客人，但因为陪伴孩子的时间太少，所以在合适的时候，他带着程女士和孩子一起参加了这些应酬。尽管程女士在老公的圈子里说不了几句话，但她通过这几次应酬，发现了老公的魅力所在。她发现老公是行业中的佼佼者，别人对他非常尊敬，而且老公游刃有余地与人沟通，与平时完全不同。看到这另一面的老公，让她真的感到很欣慰。

程女士并不干涉老公的事业或私人空间，只是认真履行作为妻子的责任，相夫教子，不刻意融入不属于自己的圈子。她给了老公自由的空间，换来的是他的欣赏和爱。

相比之下，那些试图强行融入对方私人朋友圈的人，往往带有一定的动机和目的。或许他们想知道对方是否同样投入感情，或是在考虑自己应该付出多少。然而，在认识你之前，对方已经有了多年的朋友和生活圈，所以不要过于主观地试图干涉对方的生活。

无论出于何种动机，当发现自己难以融入对方的朋友圈时，不要强求自己融入其中。适当地给予对方空间，也是给自己留出了自由的空间。夫妻关系确实是一体的，共同前进是无可厚非的。然而，充分尊重对方的个人空间，并不代表存在着秘密。有一个特别的公式是，九分信任和一分放手等于十分的爱。试着给予对方一些私人空间，不要让社交成为负担，适当地保持距离，这样会带来无尽的甜蜜。

四、为对方付出，但也要保持自我

一天，一个男孩对一个女孩说："如果我只有一碗粥，我会把一半给我的母亲，另一半给你。"

小女孩喜欢上了小男孩。

那一年他 12 岁，她 10 岁。

过了 10 年，有一天，他们生活的村子被洪水淹没了。他不停地救人，有老人，有孩子，有认识的，有不认识的，唯独没有亲自去救她。

当她被别人救出后，有人问他："你既然喜欢她，为什么不救她？"

他轻轻地说："正是因为我爱她，我才先去救别人。她死了，我也不会独活。"

于是他们在那一年结了婚。

那一年他 22 岁，她 20 岁。

后来闹饥荒，他们同样穷得揭不开锅，最后只剩下一点点面了，做了一碗汤面。

他舍不得吃，让她吃；她舍不得吃，让他吃。三天后，那碗汤面发霉了。

当时，他 42 岁，她 40 岁。

因为他祖父曾是地主，所以他受到了批斗。

她说："我不知道谁是人民内部的敌人，但是我知道，他是好人。他爱我，我也爱他，这就足够了！"

于是，她陪着他挨批、挂牌游行，两人在苦难的岁月里接受了相同的命运。

那一年，他52岁，她50岁。

许多年过去了，他和她为了锻炼身体，一起学习气功。

这时他们搬到了城里，每天早上乘公共汽车去市中心的公园。当一个年轻人给他们让座时，他们都不愿坐下而让对方站着。

于是两人靠在一起，手里抓着扶手，脸上带着满足的微笑，车上的人竟都不由自主地站了起来。

那一年，他72岁，她70岁。

她说："10年后如果我们都死了，我一定变成他，他一定变成我，然后他再来喝我送他的半碗粥。"

70年的风尘岁月，这就是爱情。这种从始至终为对方付出，并且矢志不渝、相携到老的爱情，感动着许多人。他们用不同的方式为彼此付出着，互相理解，互相搀扶，坚持原则，却又爱意浓浓。

懂得大义的人不少，真正能做到的人不多。两个相爱的人为对方付出理所当然，你觉得你可以为爱牺牲，为他做一切，只要他喜欢。

在婚姻中，夫妻之间可以为对方付出很多，但是如果在付出的同时丧失了自我，就不值得。当你失去自我的时候，就是他要离开你的时候。所以，永远不要把对方当成自己的全部，一定要保持自我。不过，在现实生活中，夫妻在婚姻中失去自我的现象并不少见：

一种是因为爱对方，愿意为对方改变一些生活习惯。就好像有的女性每次买衣服，首先考虑的是丈夫会不会喜欢，或者外出就餐时，男性会将妻子的口味放在第一，而放弃自己钟爱的食物。还有的妻子开口闭口都是"我丈夫说的"，凡事都拿不了主意。有人不喜欢吃辣，但因为爱的人喜欢吃辣就改变自己的喜好；有人不喜欢晚睡晚起，但因为爱的人习惯晚睡就调整自己的生物钟；有人不喜欢热闹，但因为爱的人喜欢就强迫自己每次都勉强去参加聚会……

还有一类的迷失在于，很多人认为结了婚就到了人生的终点，这类现象在女性身上较多，男性也有。安于现状，多发生在经济状况过得去的家庭。表现为，女人为了相夫教子就安于在家做家庭主妇；男人不求进取，安于在家做家庭煮男或宅男。

这种为了爱而牺牲自我的做法是不可取的。首先，它违背了爱情的初衷——两个人坠入爱河是因为被对方这个“个体”所吸引。其次，失去自我会让个体感到压抑和束缚，而真正的爱是一种包容，应该给彼此自由。最后，始终沉迷于爱河、眼中只有你和我，这种感情也是脆弱的，不堪风雨。

无论是男人还是女人，都应该在婚姻中保持自我。彼此之间的尺度是即使离开了另一半也是一个能立足于社会并有能力之人，如果达不到这个尺度，那么很可能有一天会被婚姻淘汰。

怎样才可以在婚姻中保持自我呢？可以试着定期“撇下”伴侣，只和好友们聚会，或是坚持写日记，只记录自己的兴趣和爱好。爱人们每天要花 10 分钟独处，闭上眼睛，回想给自己留下深刻印象的人物、地点和事件，这些都算是保持自我的做法。

我们都说婚姻的幸福与否是靠双方的努力与坚持、付出与包容。但是在付出的同时，也不要忘记保持自我。这样，婚姻才会拥有一个美满、让人艳羡的结局。

五、不勉强对方做他不喜欢的事

婚姻中的双方，各有各的生活习惯，各有各的兴趣爱好。很多人总喜欢做什么事情都带上自己的伴侣，一来是有个伴，二来也是因为感情好，希望能时时在一起。

拿男人喜欢的足球跟女人钟情的逛街来说，男人对足球的痴迷相当于女人对逛街的痴迷。但不同的是，男人看足球时不是很喜欢女人干扰，他觉得女人不懂球。而女人逛街时却一直想带上男人，不仅是为了走累时有个可以挽着的手，还能在关键时刻赞美几句，给点参考意见。可是大多数男人都对此叫苦不迭。

曾经有网上的男球迷和女网友们为了“十二条军规”打起了“口水仗”。理性的男人坚持要把世界杯看到底，而感性的女人则不无哀怨地说：“如果‘世界杯’比婚姻都重要，那结婚还有什么意思呢？”对于这种说法，男人更是无法理解。

有一名球迷反驳女网友说：“我们四年才熬一次。你们却每年都有新衣服。”看到这里，女人恍然大悟。其实男人看球和女人逛街是一个道理，一方永远体会不到对方从中得到的乐趣，所以，另一方也就永远无法理解对方的狂热。

既然如此，不如就让他去吧，这原本就是两性之间的差别。所以，没必要把足球和女人对立起来。女人也可以当这是丈夫给自己的一个假期，不妨邀上好姐妹，尽情地享受自我空间。

可是，有的女人想约的并不是姐妹，而是就想约上老公陪自己“压马路”。男人形容自己有两大苦差：与领导吃饭，陪女人逛街。其实据调查，陪女人购物，大多数的男人都不是心甘情愿的，却又不得不陪同。

这样，看似恩爱，长此以往，恐怕也会有矛盾。所以，许多婚后的男人陪女人逛街的次数越来越少。其实，女人不必为此大动肝火，因为男人大多都是这样的性格，那么何必非要勉强他们呢？像逛街这种事，完全可以找个闺蜜一起。

婚姻本来就是需要小心呵护的，这种小心呵护是要养成习惯而不是刻意去做的。多为对方着想，多付出一些，不对对方求全责备，不勉强对方为自己去改变性格中不能改变的东西。

生活中的性格一旦形成，要说改变，实属不易。不勉强对方做不想做的事情，也需要宽大的胸怀和智慧。男人不勉强女人陪自己看球，女人也不应勉强男人陪自己逛街。

婚姻里，各有各的生活习惯，各有各的兴趣爱好。不勉强对方，这是爱的表现。生活中，人们在抱怨找不到爱的理由或是天天争吵不休时，是否检讨过自己，是不是时时刻刻都在为难对方，都在勉强对方做不喜欢做的事情。万物皆有规律，让一切自然发展，理清自己的心绪，再多的困难也会不攻自破，家庭也会更为和睦。况且，不勉强对方，就是不为难自己。所以，除非与原则问题有关，否则，尽量不要去妨碍对方做他爱做的事。

六、无须过多地干涉对方自由

一位老人每天坐在公园的长椅上，一副悠闲的样子。

他惬意地叼着烟斗，有时微笑着和经过的路人打着招呼，有时一个人静默沉思。他有一个规律：总是在下午四点钟左右来到，在五点钟左右离开。

“您为什么每天都是独自来这里？”一个住在附近的人好奇地问老人。

老人微笑着说：“和老伴一起生活了五十三年六个月两个星期零两天，一直坚持每天都要有一个小时的私人时间，放松下心情，这是夫妻和睦相处的秘诀。”

周国平曾这样论述爱情：“相爱的人给予对方的最好礼物是自由。两个自由人之间的爱，拥有必要的张力。这种爱牢固，但不板结；缠绵，但不黏滞。没有缝隙的爱太可怕了，爱情在其中失去了自由呼吸的空间，迟早要窒息。”

每个人在生命历程中，总有一块属于自己独占的领地。承认、尊重和保护对方的私人领地，是维持夫妻良好情感的必要因素。

这种“独立”并非冷漠或隔阂，而是生活本身的需要，是使心灵释然的需要。有了这样的一个“距离”，就仿佛是在夏日的午后懒懒地打个盹儿，相信会有更高品质的婚姻，更从容的人生。

其实，人与人之间，无论关系多么亲密，哪怕是自己的另一半，也不会喜欢对方对自己的行为过于限制和干涉。太多的干涉，必然导致缺乏自由的空间。也许很多无伤大雅的方面他不愿意让你看见，你又何必非要让他透明呢？

有一个男人经常在外面和朋友喝酒、应酬。他的每个朋友的妻子都会不停地打电话“追踪”他们，这让他们心里非常不好受，也很不想回家。但唯独这个男人的妻子与众不同。这令他的朋友们非常羡慕。

他也觉得自己很幸福，但总不知是什么原因。直到有一天，他回到家里，正巧他的妻子出去买菜了。因为电脑是开着的，他就坐到了电脑前，随手进了他妻子经常登录的网站，看到了一个点击率非常高的帖子，内容是说：一个女人的老公经常在外面和朋友喝酒，应酬很多，她自己有些怀疑她的老公在外面有外遇，因为她在家怎么问他都不回答。

他看到妻子的回帖说：其实我丈夫也是经常在外面和朋友喝酒，应酬也很多，可我没觉得有什么不好，毕竟要给他一些自由。如果你越是想得到你想知道的答案，他越会反感你，觉得回家是一种受罪，从而不愿意回家。我只是在电话里嘱咐让他少喝些酒，多注意身体。这样他不但不反感我，还会觉得回家是件有意思的事情。

其实，不是每个男人都乐意出去应酬，如果他们不是为了这个家，为了使他们的妻子、孩子过上更幸福的日子，他们是不愿意在外面应酬的。如果做妻子的都能明白这个道理，那就会减少很多无端的纷争，也不会将男人推到不想回家或其他女人怀抱的境地了。所以说，婚姻里要糊涂一点，不要过多地干涉对方的生活。

同样，在婚姻生活里，对有些女人来说，相夫教子就是她的工作。她做了一辈子，把他的男人培养体面了，把孩子培养长大了，同样功不可没。可是当有一天，她的爱人不停地干涉她做了一辈子的事情时，她又该如何面对。

有一位老年妇女，她抱怨丈夫退休后过多地限制与干涉了自己的生活，使她感到压抑。丈夫退休之前，她一人在家，买菜、做饭、看电视、做家务，时间完全由自己安排，做一切事情都无拘无束，就是洗锅刷碗时，也爱哼唱歌曲。虽然年近花甲，却自由得像只快乐的小鸟。

可是，丈夫退休以后，却经常评价她的行为，干预她的自由或是工作。

她哼唱歌曲，丈夫会说："一大把年纪了，像什么样子。"她边看电视边择菜，丈夫就说："做事没个做事的样子。"慢慢地，她在做事时首先要想到丈夫会如何评价。久而久之，她做家务时不再感到有乐趣，情绪也变得十分消沉。

夫妻之间能否做到不干涉对方的自由与工作，对于许多夫妻来说是困难的甚至是痛苦的。有的夫妻一方在玩电脑游戏，另一方就在边上看着、盯着、守着。随着网恋的增多，夫妻不放心对方或关注对方上网到底做什么的现象越来越普遍。可能很多人嘴里不好说什么，但心里一定不乐意有人像看守囚犯一样地看着自己。因为不管有无秘密，这样的感觉总是让人很不舒服。

所以说，夫妻间无论怎样亲密，也需要适度的分离。如果一味厮守，绝对占有对方的时间甚至思想，不仅不能满足彼此单独活动的需要，还会伤害对方的情感，严重的会导致破坏性的后果。所以，夫妻间应学会拥有自己的生活，首先要做到不过多地干预对方的自由与工作，这是健康婚姻的重要组成部分。

七、偶尔小别，思念因离别而疯长

有人说，夫妻是天生的一对欢喜冤家。长期分离，彼此就会朝思暮想，牵肠挂肚。但长期在一起，又会彼此觉得烦，相互之间横挑鼻子竖挑眼，甚至吵架打闹。正如橡皮筋松弛时疲软，伸张时才充满收缩力。如果女人坚持和男人每时每刻在一起，男人就总处于逃避状态，他就没有机会感受发自内心地对爱的渴望。所以，在婚姻中偶尔的小别，可以更好地保持婚姻的新鲜，让思念疯长。

莎莎每天早晨起床都得为丈夫拿好衣服，晚上睡觉前都得为丈夫铺好被窝，至于洗衣、做饭，更是莎莎的专有工作，气得莎莎常常在朋友们面前抱怨："我这样一个勤快媳妇，怎么找了这么个懒老公呀。"

后来，莎莎一位从事心理学研究的朋友向莎莎特献一策：让"懒丈夫"当一回"家庭主妇"。

莎莎依计而行。她借口娘家有事，要回老家一趟。临走之前，她为"懒丈夫”和上小学的孩子准备了粮食和一些蔬菜，还准备了每天早晨煮的挂面。

“我大约要走10天，你看需要多少钱？”莎莎问丈夫。

平时家里的钱全由妻子掌管，天性不愿意和钱打交道的丈夫随口说：“100元足够了。”

莎莎离家后，丈夫便代理了她的职务——做饭、操持家务。

谁知第一天就遇到了麻烦。平时经常挑剔妻子饭做得不好吃的他，做出来的饭菜孩子根本不愿意吃，而他除了会焖米饭煮白菜外，别的什么也不会做。一天三顿，别说孩子，连他自己都吃厌了。到了第三天，他一进厨房就挠头，以前只是在外忙工作，从来没在家务上动过脑筋，这下才知道，这厨房里面也大有学问。

这期间，孩子还要了几次书费、补课费之类的费用。一天放学后，儿子写完作业，非让爸爸带着逛玩具店。平时儿子一让莎莎带他逛玩具店，莎莎就训儿子：“那地方有什么逛头，价钱还那么贵。”当爸爸的为此还常为儿子鸣不平。今天终于掌权了，立即答应了儿子的要求。进了玩具店，儿子见了什么玩具都觉得新鲜，他挑了几个汽车模型，一结账有80多元。天啊，代理“财政大臣”的兜里总共才有50元，他这才明白妻子控制孩子买玩具的原因。

更重要的是，他体验到妻子不在身边时那种刻骨铭心的思念，深深体会到了妻子在自己生活中的价值和地位。

当莎莎赶回家时，出乎意料的是，丈夫看到她，竟像恋爱时那样，扑上来一把搂住她，热烈地拥抱亲吻她。她明显地感到，丈夫对她的思念绝不亚于她对丈夫的思念。

正应了那句老话：“小别胜新婚”。妻子与丈夫小别了一段时间，夫妻间就如磁石的磁性被加强了一样，更有吸引力。在丈夫眼里，妻子变得更加温柔、妩媚，做的菜也仿佛更加可口，房间收拾得仿佛更加明净了……

在传统的婚姻模式中，制造“小别胜新婚”的场景是非常必要的。它可以减少夫妻间许多不必要的小摩擦，令夫妻间充满新鲜感。

所以说，成功的婚姻不仅要求夫妻双方相互尊重，保持精神上的独立，而且要求双方在感情上有一定的克制，甚至创造一些条件，使双方保持一定的空间距离和心理距离。

小丽要到上海出差3天，刚开始时还觉得新鲜，因为可以一个人自由自在几天。

到了上海，报了平安，就忙开了——开会，逛街和老同学吃饭。偶尔和老公短信联系，问问家里的情况，知道一切都好，就很放心了。只是，回到了宾馆，就会翻来覆去睡不着，总是想着老公在家睡得好吗，有没有想她。

等出差结束，小丽安全降落到机场后，打开手机，许多条短信一下子涌了进来。原来，飞机因为气流的原因晚点了，老公担心得不得了，在机场外已经等了好久。

当小丽憔悴地出现在机场接机处，老公展开笑容，麻利地安排上车，一脸的兴奋。等车开了一会儿后，他抓住小丽的手说："吓死我了，怎么晚了那么久？"停顿了几秒后，笑着说："下次再飞要多买几份保险，要不我和儿子怎么办？"

一路上，老公的话可不少。看得出来很兴奋，说着这几天儿子和他的趣事，小丽也把自己在上海的见闻讲给他听，感觉他们好久都没这么说话了。

晚上，儿子和老公更是争着抢小丽。看到大小两个男人对自己是如此依恋，小丽不觉飘飘然了，觉得自己好幸福。

夫妻间年复一年，日复一日地重复固有的亲密模式，会使夫妻间的那种美感贬值甚至消失。因此，给婚姻保鲜，保持婚姻常新的秘诀就是保持神秘，在夫妻间制造一定的距离美。因为任何人都不可能时时刻刻地表现自己最完美的形象，夫妻由于长时间在一起，个人空间减少，彼此暴露不完美的机会较多，当失去新鲜感后，就更容易看到对方的不足。

妻子长期与丈夫厮守，之间的新鲜感和神秘感会消失，爱情的热度也会降低。所以，聪明的妻子们，为了让丈夫不断积蓄新的恩爱能量，可以让丈夫停服几天"蜜糖"，喝上几天白开水，这样丈夫会更珍惜"蜜糖"的甘甜。

八、夫妻之间，要依恋不要依赖

依恋来自对自己所爱之人的钟情，是一种美好的感情。它首先表现在相互间一种长相依的爱情，互相眷恋，如胶似漆，难舍难分。

燕妮就是这样深深地依恋着马克思。燕妮在青年时代给马克思的一封信中写道："你的形象在我面前是多么光辉灿烂，多么威武堂堂啊！我从内心里多么渴望着你能常在我的身旁。我的心啊是如何满怀喜悦和欢欣地为你跳动，我的心啊是何等焦虑地在你经过的道路上跟随着你……"

马克思在给燕妮的书信中，也同样表达了这种相依相恋的情怀。

燕妮对马克思的依恋中，包含了她对马克思所从事的事业的理解和支持。她相信丈夫所为之献身的事业是伟大的，不仅为此忍受着贫穷和饥饿，而且始终追随他、学习他，在革命的事业中发挥出自己的一份力量。

而马克思由于燕妮勇敢地分担了他的重担，成了他生活中、事业上的支柱。直到晚年，他仍如初恋时那样，把自己的全部爱情集中在燕妮身上。

男女双方互相理解，支持、依赖和依恋对方，不仅在事业上相互支持，而且在生活上同舟共济，同风雨，共患难，白头到老。这种感情，是一种依恋，是来自自己对所爱的人的钟情，是一种美好、醇香的感情。

依恋使夫妻之爱更加深沉，它可使双方都能从对方身上汲取力量。

当然，依恋不同于依赖，它们是完全不同的概念。依恋是相互支持，而依赖则是一切仰仗别人。

女人如果缺乏主见，或者贪图安逸而事事产生依赖心理，这将会削弱对方对自己的爱。仿佛一枝葛藤，缠绕了栎树。葛藤的命运，固然随着寄生而生活，而这被寄生的栎树，也被侵害于无形。

依赖行为是把自己的幸福之舵交给对方，喜怒哀乐全由他掌控。这样的生活，注定是不安宁的，没有安全感的，因为你无法控制。女人要明白，你与他都是独立的个体，就像舒婷《致橡树》里所写的："我如果爱你……必须是你近旁的一株木棉，作为树的形象和你站在一起……仿佛永远分离，却又终身相依。"女人如果有这个境界，就不会为感情所苦，为依赖所伤。

夫妻之间切忌过于依赖。作为成了家的人，婚姻不能让自己丧失独立的人格。作为女人，一定要坚强，要做好经风雨、历炎热的准备。一个够独立能自强的女人，一个依恋而不依赖男人的女人，更能赢得爱人的尊重。

九、坦白难以从宽，留些个人隐私

每一个人都有自己心中的秘密，这是自我内心中的芳草地，是留给自己的绿色通道，是人生激流里的避风港。夫妻之间，无论多亲密，也还是有自己的私密空间的。

恋爱时，小齐主动要把自己的初恋向女友娜娜坦白，聪明的娜娜拒绝了。娜娜说："每个人都应该有自己的秘密，我寻找的爱情只有你的现在和将来，我对你的过去不感兴趣。因为你的过去不属于我。"

走进二人世界后，娜娜依然给小齐和自己各留一方自由的空间：家里的一张书桌有三只抽屉，娜娜给小齐一把钥匙，自己留一把，中间一个放家庭内共有的东西。从邮箱里见到小齐的信件，娜娜从来不拆不问，接到电话先问找谁，从不先问对方是谁；每月的工资发放后，除各出80%用于家庭开支外，其余的归个人支配。

小齐曾问娜娜，这是不是AA制。娜娜说有点像，但不全是，只是每个人拥有自己的小天地而已。结果，二人的爱情更加稳固了。

夫妻是两个合作的个体，而不是共同体。每个个体都应该给自己留一个空间，保证自己最不想让人知道的、最柔软、最脆弱的地方不受伤害，这样的婚姻才能和平持久。

每个人都有或简单或复杂的过去。在婚姻里，无论是男人还是女人，都是需要对方来疼爱的，而不是对彼此探个究竟，总是揪住对方的过去不放，否则，何谈日后的发展和稳定。

有这样一位丈夫，他和妻子吵了一架，一个人来到沙滩上透气。一群孩子正在挖沙子筑城堡，细密的沙粒在他们手里显得很温顺。

他还在想着和妻子吵架的事。妻子这些天也不知道在忙些什么，每次问她都说没事。妻子经常不在家，在家时也是一个人坐在那里想事情，又不肯明说。今天他实在忍不下去了，大声对妻子喊道："你到底还爱不爱我，还当不当我是你丈夫？"

妻子也火了，说："我已经够烦的了，你还添什么乱？"

"你不说出来，我怎么知道你为什么烦！"

“我现在不想说，你就不能给我这个自由吗？”

这样一来二去，两人的声音越来越大，最后他一甩袖子出了门，留下妻子一个人在家中哭泣。

也许是受了孩子们的感染，他也蹲下身，抓了一把沙子在手里。沙粒稳稳地留在他摊开的掌心里，只有表面的一点滑下去。而当他攥成拳头，手里的沙子就都从指缝里漏掉了。他不断重复着这个动作，得到了启示：自己和妻子的感情不就像是这些沙子吗？握得越紧，爱情的空间剩得就越少。

这时，妻子打来了电话，向他道歉：“对不起，我没有考虑到你的感受，我这几天确实心情不好，其实是这样的……”丈夫打断了她：“不，刚才是我不好，没有尊重你的自由，我不想勉强你，这件事等你想说的时候再告诉我吧。”

爱就是你手里的一捧沙，千万不要把它握得太紧。好的夫妻要给对方相对自由的空间，不要事事都过问。每个人都需要婚姻之外的感情交流，不要千方百计地去问对方最不想说的事情，因为不想说自有不想说的道理。每个人都有保留、守护自己私密空间的需要，有交朋友和交流的需要，也有情感的需要，而不一定是要跟爱人彻底坦白，这样只会让自己感觉被看穿，也会带来无形的精神负担和压力。所以说，坦白固然重要，但在婚姻相处的智慧中，也要留些个人隐私。

不过，人总是有很大的好奇心，特别是女人，表现在婚姻生活里时，这种好奇心便发挥到极致，想要完全了解对方，掌控对方的一举一动——检查手机，检查电脑，干预对方的工作，了解对方的行踪……也许出发点是为了让自己安心，却为婚姻生活埋下了隐患。

有人说，结了婚的女人都在一夜之间突然变成了超级间谍，对丈夫管教有加、步步设防、层层枷锁，害得男人们总是抱怨：再也没有以前的日子了。“家”对已婚的男人有时就是动物园里的牢笼——身在笼中，真正渴望的还是无拘无束的森林、草原。

在严密的监视下，丈夫是变得乖顺了，可女人们忽然间发现，丈夫好像已失去了他原有的魅力，一点也不可爱了。所以，我们建议夫妻之间要保留一些个人隐私，彼此留有回旋的空间。这对巩固和发展夫妻感情是有益的，也是我们明智的选择。

距离产生美，夫妻之间也是如此。完全的重合即成了阴影，在阴影下孕育着危机。适当的若即若离，既留出一个空间给自己，也留出一个空间让他飞；既令自己感到轻松、自在，也令思念、牵挂的暖流在彼此的胸中荡漾。也许因距离的调整，反而会让婚姻的堡垒更加坚固。

手上的沙子握得越紧，它流失得越快。夫妻之间也是一样，要让彼此有一个自由的空间，那会使你的婚姻生活更加完美。

实际上，许多人都有过这样共同的体验——距离产生美。人若长期接触同一事物、同一工作，就会产生疲劳感。即使是一首很美妙的音乐、一幅很美的图画，如果你每天听、反复看，原先的美感也会逐渐消失。同样，如果婚姻生活每天重复着同样毫无变化的日子，两人天天黏在一块儿，彼此就会产生厌倦。所以，不要时刻黏在一块儿，适当地保持一段距离，对两人的感情历久弥新是很有益的。很多婚姻出现问题，甚至最终导致离婚，并不是因为第三者或其他外部因素，而是夫妻双方自身的问题。不少女子对丈夫一贯奉行“高压和管理政策”，她们不甘于平淡，希望丈夫成为人上人，于是想方设法、旁敲侧击地施压，给予男人很大压力。

张娣太爱自己的丈夫了，望夫成龙，同时还想牢牢地抓住丈夫。她为了支持丈夫的事业，放弃了自己的工作，使自己失去事业依托，而丈夫事业有成后，更是将人生所有的重心和希望都寄托于婚姻。然而因为过分地干涉彼此的空间，她越想抓牢婚姻就越是抓不牢，可以说正是这种心态导致了她情感上的失败。

一般情况下，在丈夫已取得一定成绩时，而妻子往往自己还在原地踏步，于是有了危机感，拼命想“抓紧”婚姻。比如干涉丈夫的生活，除了管生活小事，还要管他的钱包、查看他的短信，就连对方的工作都恨不得插一手，管来管去两个人感情越来越糟，可是她们往往意识不到自己有什么问题，反而觉得理所应当，她们认为自己为这个家、为对方付出了一切，当然应该享受这份婚姻，享受到丈夫更多的爱，更可怕的是因为自己缺乏信心，害怕失去对方，便无休止地怀疑和猜忌。

可是，她们忘了，她们的爱已经成为了沉重的枷锁，套在了男人的身上，对方已经感觉不到一丝爱的甜蜜。其实，女人看重婚姻本没有什么错，只是当你越想牢牢地掌控婚姻、拴住男人的时候，婚姻越容易出现危机，男人反而会离你越来越远。

要想让婚姻长久、美满、幸福，那就不要每天“盯着”“看着”“防着”，夫妻间有所保留，这不能视之为对爱情的不忠，这是夫妻相处的一种艺术。

某一天的早晨，孟先生在临出门之前突然说，今天和朋友出游。以往去哪里，孟太太不多过问，他也会随口告诉她。可这一次，孟先生招呼不打一声就出门，她有些生气。出游这件事，一定是事先约定的，至少前一天就约好了，他为什么不说一声？他还有多少事瞒我？孟太太心里不悦，拦着让孟先生说清楚。孟先生心里着急，嚷嚷道：“我的吃喝拉撒睡，是不是都得给你汇报？”然后摔门而去。

孟太太开始赌气，在接下来的好几天里，不管是晚回家，和朋友吃饭还是去娘家，一概不告诉孟先生，也闭口不问他的一切事情。孟先生终于忍不住了，跟太太说：“我现在才知道，你丝毫不在意我，是吗？”

“你不是说吃喝拉撒睡都不用向我汇报吗？”孟太太狡猾一笑。孟先生一愣，也笑了起来。此后，孟先生有事外出都会先说一声，让孟太太放心。

对待感情，夫妻之间的要求是半饱为好，彼此都有空间才不会那样局促无奈，就像吃饭，宁可少吃一点，但是感觉舒服，唯有空间心灵才有空间。不过，空间的距离很好测量，心理的距离却难以把握。爱情的安全线，恰恰是看不见摸不着的心理距离。有的时候，夫妻双方因为爱而彼此走近，近得恨不能不分你我。于是走进婚姻，长相厮守。此后，彼此的距离慢慢地在不知不觉中一点点拉开，亲密有间。

给彼此一些空间，不要以为走进了婚姻就是走进了坟墓，夫妻双方都有自己的生活圈子，自己的爱好，偶尔出去放放风也未尝不可。这样不至于两个人天天拴在一起，熟悉地产生陌生感，无话可说。距离产生美，婚姻生活也需要距离来为它保鲜。

根据才子这些年来的咨询经验，许多夫妻之所以会出现感情问题，往往是因为没有正确把握舒适的距离所致。那么，应该如何找准合适的距离呢？

心理学中有一个称为“刺猬效应”的概念。它讲述的是在寒冷的冬天，许多刺猬会聚在一起取暖。但是如果太近的话，它们会刺到对方，相互伤害；如果太远又会感到寒冷。因此，它们需要不断调整彼此间的距离，让刺刚好贴在身上但不扎，而且双方都能感受到温暖。

在感情中，刺猬效应同样适用。一方面，距离过远，比如异地恋、不良沟通、冷战等，都会使得两个人的心灵距离变得遥远；另一方面，距离过近，比如对对方过度关心和掌控，缺乏私人空间，会导致压迫感和矛盾的产生。一些夫妻结婚时间长了，反而希望对方能够有一些时间自己待着，因为这样可以获得属于自己的私人空间，这也是一种常见的需求。因此，对于感情中的距离，需要把握好度，不能过度接近或者距离过远。刺猬效应给我们提供了一个很好的模型，两人应该像刺猬一样，彼此贴近但不伤害，获得温暖的同时保持适当的距离。

才子提醒大家，一旦发现存在这些问题，就应该学会调节。如果距离过远，需要正确沟通、多理解对方、加强交流，甚至提供情绪支持；如果距离过近，需要主动拉开双方的安全距离，比如外出旅行几天、不过度关注对方，让注意力回归到自己身上……这些方法都能让婚姻关系更健康。

第三节　新鲜感，和 TA 一起发现未知的自己

真正地发现自己，是一条永远都有新鲜感的道路，因为关于你自己，有太多谜团了。

很多人都会担心：如果我把一切都给了你，时间久了，我们之间没有新鲜感了，那你还会爱我吗？

也许，对女人来说，最可怕的就是有一天丈夫说：对不起，我对你已经没有新鲜感了，我对你已经没有当初的感觉了。那个时刻，似乎是一个女人的末日。你开始成为“欧巴桑”，用中年妇女沧桑的声音说：“婚姻不过是亲情，到最后我们都是亲人。”或者，你开始减肥、整容，开始撒娇卖萌，开始保持神秘感。

第一种选择是压抑：试图贬低新鲜感的必要，用假装的成熟替代真实的需要。

第二种选择是否认：试图假装让自己重新焕发当年的新鲜感，否认自己已年华不再的现实。

压抑的好处是可以混，混来混去却发现，你好不容易压抑了自己作为一个女人的需要，没想到男人却不喜欢忍，他到别处去寻觅新鲜感了。这和减肥一个道理，你说多少大道理，也顶不过胃里那一阵咕噜叫。

否认的好处是给自己一个肥皂泡，似乎自己还是大有作为的，但问题是，你再返老还童，也难以跟年轻姑娘比啊。

其实，这两者的逻辑都是一回事：新鲜感就是口香糖，嚼来嚼去就没了。

如果是这样的逻辑，婚姻就不必存在，因为时间一长，新鲜感一过，破坏你婚姻的小三已经在路上了。你的人生就是永远的打地鼠游戏。如果这样想，你的人生就走进了死胡同。

其实，不必绝望，我们的新鲜感分两种。

短期关系的新鲜感：同甘。我们可以一起聊聊天、唱唱歌、蹦蹦迪、吃吃饭、喝喝酒、旅旅游，什么好玩玩什么。我们一起扮演最完美的情人，一起创造人间最极致的快感和高潮。

长期关系的新鲜感：共苦。我们在脆弱、无助、绝望的时候，可以有取暖的和获得理解、激励的地方。因为有你的陪伴，我成为更好的自己。

原来粗糙的“直男癌”遇到了哭哭啼啼的“豌豆公主”，“直男癌”学会了细腻，而“豌豆公主”拥有了坚强。同甘让我们找到了完美的感觉，所以这样的新鲜感就是游乐场。

而共苦让我们找到了完整的意义，并提升了彼此面对这个世界的力量和能力。这样的新鲜感就是练功房。

什么人需要游乐场式的新鲜感？什么人会喜欢练功房式的新鲜感？

如果她涉世未深，带她去走遍海角天涯。

如果她饱经沧桑，带她去坐旋转木马。

你想要了解这个世界的时候，可以先做一名游客，走马观花地看这个世界。但随着人生阅历的增长，你开始对这种浮光掠影有些厌倦了，夜夜笙歌的新鲜感，到最后总会因很累而感觉爱不起来了。

此时，你会问自己，到底人生有什么意义？我真的需要这些刺激吗？这时，你就可以走到第二步了。

人活在这个世界上是为了什么？你放下手机半个小时就知道了。你有什么感觉？会不会有些无聊？会不会有些焦虑以致不知所措？会不会有一些你不想面对的事情涌上心头？会不会有些孤独？会不会觉得空虚？

这就是我们人类的终极命题：孤独、死亡无意义。

一直以来，我们都用两种方式来消化这些终极命题。

我们会把这个世界变成一个游乐场，那里有数不清的游乐项目，那我们就不必面对那些麻烦事了。

一个男生，从小到大都要面对可怕的自我指责：“你算什么东西？”为了对抗这个声音，他最好的选择就是马上成为马云，成为这个世界上最厉害的男人，这样，他才能不被这个声音打倒。

这是一种妄想。但女人们拯救了他，他可以成为女人的收割者，在一次次情感的围剿中享受被崇拜的感觉。

在这个追逐新鲜感的游戏中，藏着一个无价值感的黑洞。他会一直追逐下去，终有一天他会发现自己其实一直在自欺，他一直都在被自我否定的心魔控制着。他想要的，不是所有女人都为他的魅力喝彩。而是自己灰头土脸、一身是伤的时候，有个女人告诉他：没关系，就算如此，你也有家。

我们也可以把这个世界变成练功房，那里有数不清的道具用来修炼自己，这样我们就可以面对内心的种种挑战。

当然，你也看到过这样的故事。一个女生，一生都在努力地风情万种，让男人为她失魂落魄，但 30 岁以后，她开始害怕，因为回头率在下降，那些追逐她的男人们，开始转过头追求更年轻的姑娘了。她开始面对自己一直都不敢想的生活：万一我没有了外在的美貌，还会有人爱我吗？

在短期关系的新鲜感中挣扎的男女们，不知道这个世界上还有另一种新鲜感，那就是走出舒适区的新鲜感。这是一种发现自己的新鲜感，一种拥有了面对自己黑暗面的勇气的新鲜感，一种可以胜任过去无法想象的局面的新鲜感。

在“花花公子”崩溃的时候，他发现，自己真正想要的不是美色，而是有人可以接受毫无魅力的他。他过去一直都生活在必须完美的家庭里，比如考试成绩不是 100 分，他便无法忍受母亲的眼泪。于是，他就要努力让妈妈永远都露出笑脸，但这样太累了。

当一个女人跟他说：你累吗？他才真正面对自己的旋转木马，是的，他终于知道自己真正要的是什么了。这是一种睁开眼的新鲜感，一种让他放松的新鲜感，一种让他踏实地呼吸和存在的新鲜感。他终于可以停止那些无休止的已经毫无新鲜感的追求新鲜感的游戏了。

当然，真正地发现自己，是一条永远都有新鲜感的道路，因为关于你自己，有太多谜团了。

在十几年的心理学成长的道路上，我经常会有这样的感觉，忽然被一种感悟击中，明白自己原来是如此的感觉。

我记得，第一次发现这样的新鲜感是在一次意象对话的练习中，我看到一头熊，它抱住了我，是那么的温暖，我眼泪夺眶而出。我已经多年不流泪了，这一哭简直如洪水泛滥，我跑出教室，一路上，惊讶地发现自己喊着：“妈妈，妈妈……”在那之前，我从未意识到，自己那么需要妈妈。

那是我第一次和我的“内在小孩”相遇，从一开始的陌生人，到慢慢相熟，我发现了另外一个自己。这些发现，让我在面对人生种种挑战的时候，越来越自如地支撑自己走下去。我品尝到了成长的滋味。这是什么都无法夺去的安全感。

一个好的心理咨询师也好，一个好的伴侣也好，因为这些人的存在，你发现了未知的自己，这样的自己，是永远有新鲜感的。

才子认为，所谓的“新鲜感”并不是指一个人的新旧程度，而是指两个人之间的相处方式。为了让感情保持新鲜，我们需要让对方在我们身上看到新的东西，从而产生一种追逐欲、征服欲。只有这样，才能保持感情的新鲜感，让两人的关系更加有趣、有活力。

第一，距离上的拉扯。这种距离不仅包括物理上的距离，也包括心理上的距离。举个例子，如果你们的日常生活已经变得单调乏味，不妨选择去旅游或者去朋友家过夜，或者回到自己娘家住上几天。这种间歇性的分离会让你的伴侣感到你的缺席，从而想念你。等你回来的时候，你的伴侣也会非常高兴。

第二，要有自己的圈子。在心理学中，有一种心理现象称为“托付心理”，当你失去了自己的社交圈子时，很容易把自己的喜怒哀乐都寄托在对方身上，将对方看作是生命中的全部。这样，你就会依赖对方的情绪和支持，如果对方无法满足你的期望，你就会感到失落和痛苦。为了避免这种情况发生，你需要扩大自己的社交圈，减少对对方的过度依赖。

第三，要保持精致。这里的一个要诀就是“变化比变美重要”。如果你一直追求美丽，那是很难实现的。因为随着年龄的增长，我们的外表也会随之变化，所以美丽并不是最重要的，而是要不断地变化。例如，如果你多年来一直穿黑白灰色的衣服，那么可以尝试一些更鲜艳的颜色；如果你一直保持着相同的发型，可以尝试做出一些变化……这样可以为对方带来新鲜感，也可以激发他们的好奇心。

第四节 吵架可以，但要有理智

俗话说：勺子没有不碰锅沿的。再恩爱的夫妻也会吵架和赌气，更过分的还会大打出手。天底下没有从不吵架或者打架的夫妻，朋友中没有，亲人中更是没有。

但不同的是，有的吵架越吵越亲，有的吵架吵得伤筋动骨，身心俱疲，闹得劳燕分飞、家庭解体。有的人在吵架中成长，有的人在吵架中受伤。有的人在吵架中和谐，有的人在吵架中分离。

夫妻之间吵架是再正常不过的了。吵架有如地震，如果小震经常有，大震就会减少。对于感情，中国有句话叫不打不成交。如果这个交情打好了，反而比原来的感情更深。一旦夫妻有了矛盾，连吵架的欲望都没有了，那么婚姻已经是名存实亡了。只是，这个吵架也是有讲究的、有技巧的、不能越界的。

小打小闹，夫妻和解，会更珍惜；闹大了，对抗升级，产生离婚情绪，适得其反。吵架基本是祸从口出。有些话说出来，无伤大碍，可有些话却极有摧毁力，直接破坏夫妻感情，导致家庭破裂。

一、这些话吵架的时候不要说

（一）贬低对方，与外人比较

回忆一下，这样的话你是否很熟悉？“囊你是个窝废”“你真没用”“你真没出息”“你还是个男人吗”“你还不如某某某”等等。

（二）互相揭短，撕破脸皮

所谓打人不打脸，骂人不揭短，这是吵架的规则。吵架，辩不出理来，就想抢白，就想翻旧账，就想挫败对方。于是，夫妻开始以牙还牙，互相揭短，撕破脸皮。别看吵架，也有界限。越界，会伤了感情。如果你想好好过，伤什么别伤感情，揭什么别揭短。镜子碎了，即使重圆，也会有裂痕。

（三）以分手、离婚相威胁

“能过不能过？不能过，我们就离婚！”这句话是夫妻关系走向破裂的导弹，杀伤力最强。如果你本意不想分手或离婚，以此来要挟，以为可以镇住对方，那你就大错特错了。有两种结果等着你：一是，对方赌气离婚。二是，对方暂时收敛，实则暗箱操作。试探对方，分手威胁，时间久了就像“狼来了”的故事一样，经常给这种暗示，对方潜意识就会做好分手的打算。如果你是行动上的矮子，千万不要这么做。这一招是死棋，其他吵架还有回旋的余地，这次就是把对方逼入了死胡同，一失口成千古恨。

（四）沉默冷战，施用冷暴力

那好，既然我说什么都是错，我不和你死抗着总行了吧？不都说沉默是金吗？干脆，我选择沉默。都说恶语相向是残忍，那么感情在冷战中慢慢荡尽，可算是一种残酷？有一种暴力是家庭暴力，那是对身体直接的摧残。还有一种暴力是冷暴力，却是对身心的双重折磨。冷战，无形中，在夫妻间树立一道不可逾越的城墙，不在冷战中爆发，就在冷战中结束。

（五）得理不饶人，逼对方于绝境

“哦，你错了就完了？你原来怎么怎么的……”最后关头得理不饶人，不给对方台阶下，这是夫妻争吵的通病。见好就收是一种明智的选择。不管谁对谁错，退一步海阔天空。夫妻间争吵是家常便饭，问题在于不要在矛盾中越陷越深。争吵后，双方应主动寻求弥补的方法，以防怨恨的产生。怨恨往往是伴侣关系产生裂痕的开始。在争吵中，一方以幽默化解紧张的气氛，而不应将矛盾扩大，逼对方于绝境。如果真分手了，离婚了，你真的开心吗？

俗话说：“良言一句三冬暖，恶语伤人六月寒。”冲动是魔鬼，理解是上帝。如果在言语上逞一时之快，就会失去更珍贵的东西。情绪就会变得有惩罚力，舌头具有破坏力。而两个人互相拆台，互相羞辱，互相敌视，相互沉默的时间如果足够长，婚姻必将死亡。所以，步入婚姻的男女一定要理智。

二、吵架也是一门艺术

吵架，不分原因，随时随地都可能发生。吵架的过程，就像是一场辩论赛，输赢都不重要，重要的是表达自己的观点，也能让平淡的生活增加一点味道，制造一些激情，并时刻让对方感受到自己对他的在乎。同时，又能享受到和解带来的愉悦。

当然，吵架要把握好原则和分寸，不要说过火的话和侮辱性的语言，无论吵架因谁而起，对方都要有勇气承认错误，偶尔让对方得意一回。这些并不能影响你在对方心中的形象，反而会让对方觉得你更可爱。所以，夫妻吵架可能有益亲密关系，但重点是，要懂得其中奥妙，善于处理争执，可以让两人关系更亲密稳固，处理得不好，则难免导致关系失败破裂。怎样才能做到这一点呢？

（一）允许对方偶尔生气

如果你认为彼此爱慕的一对夫妇也不免会有嫉妒、烦恼和生气的情况，那么当这些情绪来临时，你就不会惊慌失措，因为这并不意味着他或她已经没有感情了。也许你的配偶是因为工作上的缘故而情绪低落，没有向你表示缠绵之情，但即使这暂时的不快不是你的过错，你也应该问：“亲爱的，我做了什么事惹你生气了吗？”如果回答是否定的，你可以再问：“那么，我能为你分忧吗？”如果对方不需要，你就不必打扰。要知道，这些问候是你给予对方的最好的安慰。

（二）以冷对热

以冷对热的关键，就是你吵我不听。在一方感情激动、控制不住自己的时候，任他发火，任他暴跳如雷，不去理睬他。俗话说：“一只巴掌拍不响。”一个人吵是吵不起来的，等他情绪平和以后，再和他慢慢说理，他就容易接受。

（三）说话要有分寸

即使忍不住争吵，说话也要有分寸，不能说绝情话，不能讥笑对方的某些缺陷或揭对方的“伤疤”，更不能在时气愤之下，破口大骂，不计后果。

绝情话最伤人心。一对小夫妻常为一些小事拌嘴，一旦拌嘴，妻子就说：“结婚之后，你做过一件让我高兴的事吗？没有！”难道丈夫真的就没有做过一件让她高兴的事吗？很显然，这种说法是不成立的。丈夫听到这句不公平的话后，很是不服气，于是战斗进一步升级，本来是鸡毛蒜皮的小事，最后可能搞得不可收拾。如果把这句话改为“结婚之后，你做了很多让我不满意的事，你是不是也该好好想想了？”也许会出现截然不同的效果。

（四）就事论事

为了哪件事吵，把事情谈清楚就行了，不要“翻旧账”，也不要无限扩大。不要随便给对方扣什么“自私”“不可救药”“卑鄙无耻”等帽子，否则，就把事情搞得太严重了。另外，对事情也切忌扩大化，如果从这件事又提及以前的事，从对配偶不满又牵扯到他的父母兄弟姐妹身上去，就会把事情搞得越来越复杂。

（五）主动退出

夫妻吵架无输赢之分，孰是孰非不可能弄清楚。有时只不过是做某一个“选择”，而这个“选择”往往来自一方的让步。

不少夫妻在争吵过程中总有一种心理，就是都要以自己“有理”来压服对方，结果谁也不服谁，反而越说越有气。其实，夫妻之间的争吵，一般没有什么原则问题，许多是是非非纠缠在一起，也不易分清，特别是在头脑发热、情绪激动时更不易讲清。如果争吵到了一定时间和一定程度，发现这样下去还不能解决问题，那么其中一方就要及时刹车，并提示对方休战了。这并不是屈服、投降，而是表示冷静、理智。比如可以用幽默打破僵局，或者干脆严肃地说：“我们暂停吧！这么吵也解决不了问题，大家冷静点，以后再说。”之后，任凭对方再说什么，也不要再搭腔。

第五节　幸福婚姻，需要用心经营

有人说：“男女从相识到相恋，再从相恋到携手走进围城，建立婚姻关系，就像成立一家合资的婚姻公司，双方只有精心经营，才能创造爱情的最佳效益。”

仔细想想，这话说得很有道理。首先合资前，男女双方要对对方的长相、学识、品德等项目进行详尽的考察。恋爱到一定程度后，认为有合资的必要性时便提出可行性报告，然后再按照平等自愿、互惠互利、和平共处和长期合作的原则，签订一份共同投资的合同。合同经婚姻登记机关审核后，便颁发婚姻公司的营业执照，这就标志着婚姻（公司）可以正式开业运行了。而在运行的过程中就需要资本投入：合伙人要把真诚、信任、理解和宽容等多多投入到婚姻（公司）中去。投入越多，增值越快，收益越大。如果没有资本投入，那就是名存实亡的“皮包公司”，注定要破产。但是，如果只投入钱财或者是经营不善，婚姻（公司）也经营不久。当然合资双方若都用心经营，爱情效益就会倍增。

因此，要想自己的婚姻幸福美满，夫妻双方就要用心去经营自己的婚姻。相信婚姻的最初是富有激情的，然而时间一长，再有激情的婚姻都会变得平淡无奇。于是两个人变得懒惰了，不再多说话了，沟通少了，这样渐渐会出现危机。其实，用心经营婚姻并不是要我们完全地付出所有，也不是要我们爱得多么轰轰烈烈，而是要我们把爱融入到生活中的每一个细节，因为人的情感复杂而微妙，所以一些细节在夫妻情感的交流中起着非常重要的作用。

那么，夫妻双方在经营自己的美满婚姻时，都应该注意些什么细节呢？

一、尊重对方

人都是爱面子的，当着别人的面批评爱人，最容易伤其自尊，影响夫妻感情。所以，要学会尊重对方，尊重对方的思想和感情，越是人多的时候，越要给他面子。等到夫妻俩单独在一起时，你可以再向他提些意见，甚至可以进行严肃的批评，对方不仅会愉快接受，还会感受到你煞费苦心中体现出的浓浓爱意，从而以加倍的爱来回报你。

二、必需的信任

如果你不信任你的丈夫，就好像是在沙上筑塔，别想建立起亲密无间的夫妻关系。缺乏信任是通往亲密之路的最大阻碍，每个人成长经历的不同都会影响到信任习惯的养成，幸福的婚姻是建立在互相信任的基础上的。

三、适当依赖

如果你在精神、物质上完全依赖别人，让对方扮演供应者的角色，你会更缺乏安全感，产生寂寞感，恐惧感也会日渐加深。真正的亲密关系是一种微妙的平衡互动关系，对爱人适当依赖会使你的吸引力更持久。

四、学会取悦爱人

许多女人，在婚前与爱人约会时，总要想方设法取悦对方，但结婚后便不再在意对方对自己的感觉。这种做法会减少自己对丈夫的吸引力，进而损伤夫妻感情。所以，婚后的女人更应细心体会丈夫的内心感受，不但要处处体贴照顾丈夫，而且要学习一些取悦丈夫的技巧，如学做几个拿手小菜，为他挑选领带等等。

五、创造意外惊喜

在平淡的婚姻生活中，出乎意料地创造一些惊喜，对于增进夫妻感情很有好处。如瞒着丈夫为他买一样他很想得到的物品，计划一次旅行等等。这些都可使他获得意外惊喜，从而在惊喜中迸发出强烈的感情火花。

六、适当来点小别

俗话常说："夫妻小别胜新婚。"过了一段平静的夫妻生活后，有意识地离开对方一段时间，培养彼此对对方的思念，再欢快地相聚。这时，就能使夫妻俩思念的感情热浪交织成愉悦的重逢狂欢，把夫妻感情推向一个新的高潮。

七、注意自身形象

有的人，婚后对衣着、容颜等不再讲究，其实无论夫妻哪一方，都不希望对方在别人的心目中留下不好的印象。

八、不要对爱情期望过高

如果你认为爱情能医治你心灵上的创伤，因此把这一过分的希望强加在你的爱人身上，那你得到的只能是不断的失望以及他对你的反感。这些不切实际的希望所产生的效果总是适得其反的，它们不会使你得到身心上的放松。反而会让爱情因背负了太多的期望而更加艰难。因此，与其给爱情加注过多期望，不如轻轻松松，顺其自然。

九、彼此保留一些自我空间

当代女性十分注重保持在家庭婚姻中的独立意识和独立人格。在婚姻家庭领域保留一些自我空间，是女性保持独立性的首要条件。女性保留一些感情空间，用来爱自己。她们心中的秘密不全部对爱人说，业余时间不单单同家人在一起，还要参加各种社交活动。当然，给丈夫保留一些自我空间也是非常必要的。因此，在婚姻生活中，除非夫妇能够相互尊重对方的嗜好，并给对方一些空间。否则，没有一对夫妇能够幸福和美满。

十、慎交异性朋友

夫妻婚后有自己的社交活动，这是很正常的。但是，与异性朋友交往时要非常慎重，要留有分寸，让彼此关系控制在普通朋友的程度。对那些明显对自己有好感甚至对自己不怀好意的异性朋友，要主动疏远，用理智来处理感情纠葛。特别是遇到第三者插足的危险时刻，更应这样做，以杜绝他人的非分之想。

十一、把承诺进行到底

婚姻不仅仅是一纸法律契约，还包含了身体、情感上的结合。在婚姻里，夫妻双方都热切期盼彼此感情归属的忠诚及患难与共的相互扶持。在这里，没有中间的灰色地带，你不能只做一半的承诺，而必须要做到一诺千金，一诺到底。

十二、回忆美好时光

热恋期是婚姻的前导，热恋中的男女那种“一日不见，如隔三秋”的情感，是非常美妙的。结婚以后，经常回忆热恋时的美好时光，能唤起夫妻的情感共鸣，并在共同的回忆中增加浪漫情感，更加向往未来，从而增进夫妻感情。

十三、时不时地度蜜月

新婚蜜月，是夫妻俩感情最浓的时期。那时，两人抛开一切干扰，进入只有两个人的甜蜜爱情天地，享受伊甸园之乐。婚后，如果能利用节假日，每年安排时间不等的“蜜月”，再造只属于两人的爱情小天地，重温昔日的美好时光，定能使夫妻感情越来越浓。

十四、留足爱的时间

现代社会里，竞争激烈，生活节奏日益加快，每个人的工作都十分繁忙，有不少人因忙于事业而顾不上夫妻间的感情生活，以致两人经常不能一起吃饭、休息，影响了两人感情的巩固和发展。所以，夫妇之间工作再忙，也要挤出时间共同生活，共浴爱河。

十五、保持性生活新鲜

性生活是联络夫妻感情的重要途径，良好的性生活是巩固和发展夫妻感情的必要保障。不少夫妇婚后性生活一成不变，缺乏创新，并导致感情钝化。所以，要不断创造新鲜的性生活方式，使夫妻双方都在不断新鲜的性生活中获得新鲜的感受，使夫妻的感情之花永葆新鲜。

十六、留些个人隐私

再宽容的人，对于爱人的绯闻也会心生醋意，至于得知对方“红杏出墙”的艳事，则更难容忍，因此导致家庭破裂的事并不少见。所以，将过去个人情史上的隐私，对现在的爱人“坦白交代”并非良策。这样非但不能增进感情，反而会带来双方感情危机。因此，留些个人隐私，是巩固和发展夫妻感情的明智选择。

十七、警惕财务危机

结婚以后，如果不能维持家庭的收支平衡，就会出现家庭财务危机，影响夫妻感情。有些家庭，钱归一方掌管，如果不能做到财务公开，当一方经济要求得不到满足时，也会产生家庭矛盾。因此，夫妻双方要共同理财，坚持量入为出的持家原则，勤俭节约，精打细算。手中要始终留有一些应急经费，以备不时之需。这样，既能防财务危机于未然，又能拒感情危机于千里。

十八、庆祝有纪念意义的节日

结婚纪念日、对方生日、定情纪念日等，是夫妻双方爱情史上的重要日子。当这些有纪念意义的日子到来时，应以适当的形式予以纪念，使双方都感到对方对自己怀有很深的爱意，这对于巩固夫妻感情有很大作用。

十九、补偿往昔的“情债”

不少夫妇结婚时因条件限制，未能采取心中理想的形式来回报对方的爱意，如未能度蜜月、未能给爱人买一件像样的礼品、简化婚礼程序等。结婚数年，当条件具备时，就应记着完成当初未能让对方如愿的事，以偿还过去欠下的“情债”，这会使对方觉得你是个重情的人，爱你之情会倍增，如不少男性婚后给爱人买首饰，许多已过而立之年的夫妇补拍结婚彩照等。

二十、别忘了和爱人吻别

你绝对想不到，当你急着出门时的匆匆一吻有多么大的魔力，临别的一吻能把你们彼此的心紧紧地系在一起，让你一整天都沉浸在甜蜜中，好像他从没离开过似的。当你因公出差时，也别忘了打个长途电话，让他知道，你的心好端端地放在他那儿。

婚姻并不是一个男人和女人因为相爱走到了一起，然后组成了一个家庭，然后过着柴米油盐的日子，而是要男人和女人进一步用心去培植爱情之花的圣地，只有这样我们才能得到自己想要的幸福。幸福是一辈子的事情，女人的幸福只有靠自己把握，把握幸福是很难的一件事，为了自己的幸福，女人需要一辈子去努力追寻。

每段感情都是有梯度的，你爬得越高，对另一半的感情越深，带来的后果就是标准也越高。

所以才子认为，经营感情要做到“要像不爱一个人那样去爱一个人”。在这里给大家一个公式，“只付出 20%的激情，留住 80%的冷淡”。这 20%的激情就是你们在一起时的那点时光，比如异地恋见面时、情侣约会时，那时候你可以尽情地展现你的激情和爱意。80%的冷淡就是你们不在一起的时候，要像没有这个人一样去过好自己，因为每一对伴侣都并非每天在一起，这 80%的时候就是要留给自己的空白时间。如果这些时间你也给了对方，就会带来更多的要求。这时，你应该留出这些空白时间给自己，去做自己想做的事情。只有丰富了自己，你们的感情才会更加紧密。因而，一段好的感情并不是一定要求对方做什么，而是经营好自己。

第六章　婚姻艺术，让爱在这里滋生

有人说，婚姻是爱情的坟墓。似乎，所有人都认为婚姻是一件需要费心经营的事情。两个人因为相爱而结婚，但当甜蜜、温馨、浪漫的色彩褪去时，当婚姻缺乏爱情的滋润时，婚姻的瓦解就为时不远了。因此，经营好自己的婚姻也是一门高深的艺术。

第一节　婚姻保鲜，爱在“心”上

一、婚姻中的镜子效应

镜子效应是一种人际交往中的心理现象，其来源于我们对他人的反应与他人对我们的反应之间的相互作用。当我们对他人表现出善意和友好时，他人通常也会对我们表现出相同的态度。相反，如果我们对他人表现出敌意和不友好的态度，他人也可能回应同样的行为。因此，镜子效应通常被用来描述人际交往中的互动，即我们会看到我们对别人的态度在一定程度上被反映在他们对我们的态度中。

当你需要和一个不喜欢的人相处时，也许他对你也没有好感，但只要你开始尝试慢慢地喜欢他，他通常也会慢慢开始喜欢和你相处。

人际交往总是相互的，而在夫妻生活中，你的另一半就像是一个镜子。当你看到另一半的样子时，实际上很大程度上是你自己真实样子的映照。举例来说，在一次课堂互动环节中，才子要求学员表达自己对另一半的看法。很多人都抱怨自己的另一半的某些习惯，如“我受不了他的某某习惯”“我不能容忍他晚回家”“我承担了家务、照顾老人和孩子的大部分责任，他只需要挣钱就可以了”等等。许多人首先想到的是对方的问题，而不是自己的问题。如果一个人不审视自己，就难以了解自己是否有需要改进的地方，就像一个人不照镜子就不知道自己的脸上是否干净一样。

镜子效应是相互的，不能单方面看待。当夫妻在婚姻中遇到问题时，很容易将责任归咎于对方，而往往高估自己的贡献。实际上，夫妻关系中的每个人都是对方的镜子，相互照射，互相影响。在社交场合中，人们可以伪装自己的形象，但在与最亲密的人交往中，我们可能会暴露自己的缺点。一些人可能在外面表现得很谦逊，但在家里吵架时却会表现出完全不同的一面。因此，夫妻关系就像是镜子，能够照出彼此的缺点。

在我看来，镜子效应非常宝贵。当你发现对方有问题时，应该先反思自己是否存在同样的问题，而不是单纯地要求对方改变。通过反思自己，你会发现问题的根源并解决它们。当你发现对方有让你难以接受或忍受的“坏毛病”或“坏习惯”时，不要试图去改变他们，而是学会接受对方的缺点，你会发现对方并不像你想象得那么糟糕。

两性相处的目的是互相学习，成为更理想和完整的人。然而，问题往往出现在人们进入爱情关系后变得迷糊。他们不是为了成为更好的自己，而是为了让对方符合自己的期望，或者期待对方填补自己的缺点。

很多夫妻在相处中出现纷争和不和的情况，往往是因为彼此都在挑对方的毛病，试图改变对方。比如，当一个男人爱上一个女人时，他会试图改善她，认为她应该如何如何。同样的，女人也会试图改变男人，要求他做这个做那个，或者要求他变成某种样子。当对方不符合自己的期望时，问题就会产生。夫妻间的吵架往往是围绕着同样的问题、相同的冲突，反复出现。

夫妻间常常陷入一种误解，即认为对方应该符合自己的理想，双方都试图改变对方，结果往往是让本来美好的关系变得糟糕。最终，他们不再说话，因为一开口就会争吵，而这些问题早已经是老生常谈，无法改变。事实上，想要改变一个人是非常困难的，这是人性的局限性。

在两性相处中，自说自话，看不到自己的问题，是一个非常严重的问题。妻子嫌丈夫对她的父母不够尊重，但她自己却没有反思自己是否对公婆不够孝顺。丈夫嫌妻子总是抱怨，但他没有想过是不是自己没有做到让妻子感到满意。丈夫渴望在公众场合得到妻子的尊重，但无法接受妻子当着朋友的面嘲笑他。妻子需要很多赞美，而丈夫的冷漠会让她感到极度失落。所有这些反应的根源都可以归结为个人修养不够。正如一句谚语所说：“问题不在于你事情太多，而在于你的格局太小。”

在婚姻中遇到问题时，首先要从自身找原因，了解配偶并用爱的力量来解决问题，这是一个美满婚姻的基础。如果我们只是抱怨和指责对方，那么问题只会变得更糟。相反，当我们以爱的力量来看待对方的问题时，对方也会更容易意识到自己的问题并采取行动来解决它们，这样双方都会受益。

陈川感到非常困扰，因为他的妻子太过于强势。在家里，他总是退让她，而在外面，他的妻子也不知道留点面子。最近一次，他和朋友打麻将时，他的妻子突然闯进来，把桌子掀翻了，这让他感到非常尴尬，让他在朋友面前丢脸了。

“你怎么就没有一点女人的温柔呢？”陈川吼道。

“你这样的行为，让我怎么可能对你温柔呢？做梦吧！”她回敬道。她最受不了他打牌，虽然平时他是一个不错的男人，但一到牌桌上就会忘记回家，对家庭漠不关心。

这样的问题导致了他们之间的互相指责和抱怨。他们对未来几十年的生活感到十分困扰，但如果离婚，他们又担心孩子的未来。

陈川试探性地问儿子："爸爸妈妈分开好不好？"儿子回答说："不好！"

陈川继续说："妈妈总是说爸爸做得不对，而爸爸也总是说妈妈做得不对，我们总是吵架。与其这样，不如分开。"

儿子摇摇头，认真地说："以前我和同学吵架，老师告诉我——你先改掉自己的毛病，不要管别人怎么样。爸爸，我觉得你应该先改掉打牌的毛病，而不是管妈妈怎么样。"

儿子的话让陈川惊讶了，他一直在等待妻子改变，但却没有想过自己先改变。他想到：妻子或许也有同样的想法。于是，他决定戒掉打牌的习惯，即使是为了儿子，也要让他有一个好的榜样。

他从没想到戒掉一个习惯会这么难受，但是，他坚持住了，努力戒掉了打牌的毛病。

妻子对丈夫的改变感到欣喜，她看到丈夫这么有毅力，真的不再赌博了，并且还劝他的朋友也不要玩。她开始自我反省：是不是因为她对他态度不好，让家里没有温暖，才导致他总是和别人打牌？一想到这些，她对他多了一些体谅。

当两个人都有了自我反省的能力时，通常意味着他们的婚姻中最困难的时期已经过去了。随之而来的是一种神奇的变化：以前他们主要考虑的是对方的不好之处，但现在他们思考的却是对方的优点。

因此，夫妻之间应该时刻想象对方是自己的镜子。如果你发现对方有所改变，那么你也许应该先检查自己是否有所改变。如果你发现对方有问题，也许你应该先检视自己。改变自己比改变别人更加容易也更加可靠。请记住以下五条镜子效应的法则。

第一法则：透过别人看自己，从外在看内在。只有透过别人，你才能认清自己真正的本质。

通常，你最讨厌别人的地方，也是你最难以接受自己的地方。因此，当你发现自己对某些人或某些事情情绪不稳时，不妨反思一下是不是因为这些事情在触及你内心最脆弱的部分。

第二法则：你如何看待别人，就是如何看待自己。你无法接受别人的某些行为，往往也意味着你无法接受自己身上的同样问题。

如果你经常发脾气，你很可能会觉得别人常常惹你生气，把自己内在的问题投射到别人身上。你会不断谴责别人，因为你的内心充满了怒气，所以即使是微不足道的事情也能引发你的暴怒。因此，我们需要时刻自省，了解自己的内心，才能更好地控制自己的情绪。

第三法则：透过他人看见自己，看见自己就能吸引对的人。对外排斥的东西也对内排斥。

我们所吸引的人和关系都是我们内在特质的反映，也呈现出我们内在的自我。所以当关系出现问题时，我们不仅要检视与他人的关系，也要反省自我关系。

第四法则：束缚别人也束缚自己。爱越多，自由就越大；恨越多，束缚就越紧。

要想消除敌意，就要把敌人变成朋友。你会发现，那些最难原谅的人，正是你最需要原谅的人；最难割舍的人，正是你最需要放手的人。

第五法则：如果你排斥某个东西，那么它就是你需要学习的东西。如果你欣赏某个东西，那么它就可以转化成爱。

二、好丈夫是夸出来的

我曾询问已婚女性："你是否经常对自己的丈夫赞美或表扬？"大多数人会回答："赞美？不赞美他也会感到自豪，以为自己无所不能。要是再多夸他，他就会变得更加骄傲自大。""夫妻之间需要这么多客套话吗？每天都忙得不可开交，谁有时间说一些不真心的话？""我确实没有发现他做出值得夸奖的事情。""当然要表扬他，男人越被表扬，越会有进步！"表扬可以让胆小者变得勇敢无比。

听到这些言论，我对前面的言论进行了差评，对后面的言论表示支持。

性别差异会在男女相识初期产生强烈的吸引力，带来好奇、新鲜感、了解、互动和互补，尊重这些差异能够激发我们探索未知世界的欢乐。

男人渴望被尊重，而女人则需要关爱和温暖。在婚姻关系中，男人最怕自己的妻子看不起他，而最期望的是被敬仰和崇拜。

实际上，每个女人最初对伴侣的期望都是那种“我爱的人一定是一个盖世英雄，驾着七彩祥云来娶我”的梦想。然而，一旦他们真的成为了夫妻，有意或无意的贬低和指责却会削弱他们最初的英雄形象，将他们打压成平凡的狗熊。曾经花费了无数心血才找到的那个心爱的人，现在却已被两人口中的不屑一顾的贫民所取代。这种现实实在是令人心酸和沮丧，我们之所以结婚是为了与我们深爱的人共度一生，但一不小心就会让我们的美好梦想在岁月中失落。

这样的差评师妻子，生活里还真不少。

比如：

他啊，油瓶子倒了都不扶一下的，就没见过这么懒的人！我家那位超级自私，就爱他自己，一点都不会心疼人，我就是他的保姆！

就他，挣那么点儿钱，根本养不活一家老小！

他啊，就偏心向着他妈，根本就是一个不知道疼老婆的人，越来越让人失望！

这样的评价是不是屡见不鲜？正是因为这样的差评，让本来一个可以成为高大上的男人变成了矮穷丑。

男人最接受不了的就是老婆对自己说其他人如何强、如何好、如何有本事。好多男人出轨是被女人逼的：“我看你能不能找一个比我更漂亮的”诸如此类的刺激话语！

我们看一个故事，看看做一个会夸男人的女子是多么有智慧：

有一个年轻人没考上大学，父母就给他找了个老婆结婚了，结婚后就在本村的小学教书。由于没有经验，不到一周，就被学生轰下了台。回家后，老婆为他擦了擦眼泪，安慰说：“满肚子的东西，有人倒得出来，有人倒不出来，没必要为这个伤心，也许有更适合你的事情等着你做。”

后来，他外出打工又被老板轰了回来，因为动作太慢。这时老婆对他说：“手脚总是有快有慢，别人已经干很多年了，而你一直在念书，怎么快得了？”他又干过很多工作，但无一例外都半途而废。然而，每次他沮丧地回来时，他老婆总安慰他，从没有抱怨。

三十多岁时，他凭着一点语言天赋做了聋哑学校的辅导员。后来，他又开办了一家残障学校。再后来，他在许多城市开办了残障人用品连锁店，他成为一个拥有几千万资产的老板了。

有一天，功成名就的他问自己的老婆，自己都觉得前途渺茫的时候，是什么原因让你对我那么有信心呢?

他老婆的回答朴素而简单。她说："一块地，不适合种麦子，可以试试种豆子；豆子也长不好的话，可以种瓜果；如果瓜果也不济的话，撒上一些荞麦种子一定能够开花。因为一块地，总有一粒种子适合它，也终会有属于它的一片收成。"

听完老婆的话，他落泪了！老婆恒久而不绝的信念和爱，就像是一粒坚韧的种子，男人的奇迹就是这粒种子执着生长出的奇迹！

所以，要像崇拜偶像一样崇拜你的男人。好男人是夸出来的。要告诉他，你就是我心中的男神！如果没有你，我的世界就是一片黑暗，你照亮我的整个生命。他会觉得自己独一无二，直接收获他的心。崇拜他就拥有他。

男女分工不同，各自承载着不同的使命，当女人活出温柔真实的自己，当男人挥洒着阳刚豪情的本色；当女人学会尊重男人，当男人懂得呵护女人，一个幸福美满的婚姻才具有了长治久安的条件。

三、这样赞美妻子才有效

会夸男人的女人是充满智慧的，同理，会赞美妻子的先生也是。

卡耐基说："女性天生就渴望被人赞美，这几乎成为她们生活的全部乐趣。和女性相处时，千万不要忘记赞美她们。"女人天生就渴望得到赞美，丈夫一句真心的赞美胜过任何精美的礼物。

夫妻关系是人生中最基本、最重要的人际关系，它关系到生活的幸福、家庭的和谐，乃至事业的成功。在处理夫妻关系的过程中，许多聪明的丈夫都懂得欣赏和赞美妻子。加拿大报刊编辑迪克斯在婚姻指导栏里说："不会甜言蜜语就不要结婚。对男人来说，婚前的赞美是一种必需。可是在婚后，赞美也是必须具备的工作。婚姻不仅应该讲究诚实，还应运用一定的外交手腕。"

聪明的丈夫懂得赞美自己的妻子，他们珍惜自己的妻子，以她为荣，夸奖她，称赞她。

大左一直以来认为自己配不上妻子，因为妻子学历比自己高，天生丽质，又颇有才情，平时爱写诗爱读书，总想把平凡日子过得阳春白雪。但大左并没有因为自己没有这些爱好而自卑，他一直默默无闻照顾自己的妻子，知道她手脚爱凉，每天雷打不动地睡前为她准备一盆烫烫的水泡脚。妻子爱吃糖醋里脊，他照着网上学了不下十次，一次比一次做得好，直到妻子说他做得比饭店做得都好吃。妻子喜爱诗，他每次逛书店都会给妻子淘一些著名的诗集。他欣赏她，在外人面前提起她来总是一副自豪的样子并且赞不绝口：我老婆那菜做的，只要给她尝一尝，她回家就能做得差不离；我老婆那文采，我们家的生活费基本上都是花她的稿费；我老婆天生丽质，从不用化妆品，真给我省钱；我老婆不虚荣，什么名牌都不要，就爱看个书……成天“我老婆我老婆”，搞得别人都很好奇，争相一睹她的风采，发现也不过就是个寻常人。

但在大左的心里和眼里，妻子就是仙女下凡。

正是这样赞美妻子，夫妻俩越过越和谐。妻子提到某个诗人和作家，大左都能说出一二三来，妻子很惊讶。原来知道妻子爱这些，大左私下就去恶补这方面的知识。

如此一来，两个人的文化素养都提高了。

妻子有一次开新书发布会，上台谈感想。她说了让大左非常感动的一句话：“我最好的作品就是我家先生，他是我的限量版和畅销书。”台下的大左眼里有泪花，他是幸福的人，因为自己平时会赞美妻子，反倒让他收获了超出预期的感动。

所以，男人的法宝就是学会赞美。我身边有很多男士，心里明明非常欣赏自己的另一半，但就是不愿意放在嘴上。好男人的嘴要甜一些，日子也就甜了。赞美妻子可以加深夫妻感情，是对妻子价值的认可和珍惜。

那么，赞美妻子可以从哪些方面开始呢？

（一）赞美她青春依旧

女人一般都很在乎自己的长相和美貌，如果丈夫能够多多赞美妻子的相貌，妻子会更自信。俗话说："情人眼里出西施。"如果从别的男人口里发出赞美，你的妻子可能会觉得是有所求，或者不真实。但是，如果赞美之词是从你嘴里说出来的，哪怕再肉麻，妻子听了也会觉得很高兴。因为在她听来，那些都是情话，不是假话。

（二）赞美她的能力

很多妻子既要顾及自己的工作，又要照顾家庭。除了丈夫和孩子，妻子还有一大堆的家务活要处理。如果你是一个贴心的丈夫，可以在分担家务的同时，赞美妻子的持家能力。比如，夸奖她把家里打理得井井有条，夸奖她做得一手好菜，夸奖她对待你父母的孝顺，夸奖她对你的朋友热情。或许这些在你心里都认为是应该的，但是如果你能用赞美的方法说出来，她以后会做得更好，你也就少了后顾之忧。

（三）赞美妻子的进步

当妻子和你谈恋爱时，她的一切缺点都是优点，所以你也融进蜜里，很少挑剔。但是婚后你可能发现她有很多地方不尽如人意，或许不够温柔体贴，或许不够知书达理。这些方面都可以通过赞美她的进步来改善。当妻子的饭菜做得不够好时候，你要赞美她的辛劳，因为在她看来，她已经很努力了。你要不断地鼓励她、赞美她，直到她的厨艺水平越来越高，到你满意为止。

四、每天进步一点点

当女人学会夸奖男人，男人学会赞美女人的时候，我认为就是婚姻加码和助力的开始。每个人都能从心里意识到改变自己去适应对方，去爱对方，就是进步。这种进步每天不用多，一点点即好，时日久长也会汇成一股非常壮观的幸福洪流。

在我看来，婚姻保鲜如同逆水行舟，不进则退。如果婚姻关系中的夫妻俩各行其是，那么一加一等于几？最直观的答案应该等于二，但是我们在现在的日常生活中看到一加一等于二的家庭已经非常少了。为什么呢，比如妻子和丈夫两个人在家庭中纠缠、纠结，在怀疑、不信任，他们的很多时间和精力都浪费在内耗上，所以一加一不仅不能等于二，很多的时候还小于二，甚至小于一。

所以我们怎样才能做到一加一等于二或者大于二呢？

那就要做到丈夫有担当，妻子有智慧，在一家之中丈夫有丈夫的责任，妻子有妻子的责任，只有各正本位，各行其道，才能做到一加一等于二，甚至大于二。

心理学家做了上万例夫妻的研究，发现只有30%的夫妻可以幸福到老，那么他们的秘诀到底是什么？两个字：共情。最好的关系，重点不在于最好，而是懂你，说话要走心。什么话走心？共情的话。共情的话很难说吗？是的，不容易。因为它并不属于我们原本语言系统的一部分，没有谁天生会说共情的话。要自然流利说出这种新式语言，绝对是个高精端的技术活，我们每个人都需要刻意练习。

夫妻之间的沟通有三个层面：

一是语言的，相信耳朵。就是心里想的，通过嘴到达对方的耳朵，再到达对方的心里，这种交流往往会发生许多误解。因为大多数人心里这么想，说出来就不是那么回事了。这个过程中的干扰因素很多，如对语言的应用、面子观念、自尊、价值取向都会歪曲内心的本意。同样，耳朵听到的与我们对词汇的理解、想听的期待有关。想听甜蜜的，会把普通的关心看成冷漠，想听附和的声音，会把好的建议和提醒当作讽刺。

二是行为的，相信眼睛。心里怎样想就怎样去做，将心比心，看到对方累了就感受到累的滋味，让她歇着，先把孩子安顿好，再把厨房的事务都担下来。知道情绪低沉的滋味，看到对方心绪不佳，承受一些埋怨而不辩解，等对方情绪改善后再做必要的解释。行为互动是一种相对不太容易曲解的交流，但还得日久见人心，有时候我们自认为好的东西对方不一定领情。

三是心的交流，相信感觉。这是一种难以言述的共情和默契，表面上风平浪静，心与心之间却有千丝万缕的联系。很多信息不必要说，也不必刻意去做什么，一个眼神、一个微笑就尽在不言中。

在我看来，心与心的交流是一种夫妻间最高级的交流，这有一种互相共情与互相融入的感觉。什么东西说出来就太直接了，含在口里、融在心里、心心相印那才是真正的交流。这种交流可以用这样的词汇来形容：包容，欣赏，无条件接纳，感恩，全方位分享。

每一位处在婚姻中的男女都可以回想一下，你的另一半也许正是使用这样的一种心的交流，而你还停留在信任耳朵和嘴巴的沟通阶段。增加自己的共情能力，发展彼此内心的感觉，可以使你摆脱烦恼。而真正修炼到第三个境界，需要夫妻双方的不断进步，每天去捕捉自己内心的声音，不要光凭语言和行为去理解对方，更要从“心”里的感觉出发，去找对方心里想要的那种情愫。因为，婚姻保鲜要走心。

第二节　婚姻健康，爱在“吵”上

一、夫妻吵架背后的身心召唤

世界上大部分的夫妻在处理关系上，无非是在“表达爱”或“索取爱”。

如果一个人开始表达爱，另一个人也开始表达爱，爱就会越来越多。反之，一个人在索取，另一个人也在索取，就会进入索取爱的负面循环。

有一对常常从争吵发展到动手的夫妻，身体冲突很激烈，其实是彼此的爱不够，都想要从对方身上索取爱，才会用不满或愤怒甚至暴力。尤其当一个女人用侵略、攻击的行为来表达她愤怒的时候，她的爱是缺乏的，证明男人对她关爱不够。

吵架是表达渴望注意、渴望关注、渴望身体接触的，因为最强有力的沟通还是身体的沟通，语言有时候是苍白的。所以我们还要识别对方的对立的情感，不管它表面的现象，这就是心理的妙处。要看她的潜意识，看她的内在，一个情绪背后有对立的情绪，侵略的一面背后是什么？一个人非常愤怒的时候表达的是什么？是要用愤怒来表达她的力量，其实是她觉得自己憋得太久了、太委屈了、平时太弱了，这里面有多少压抑的东西在里头，多少被忽略、不被尊重的感觉，所以她用这种身体的强壮、声音的高度来表达自己。

心理学中有一个原则，叫 90/10 原则，什么意思呢？比如你今天跟别人吵架了，你很生气，你会觉得是吵架引起了你的情绪反应。但是实际上，引发你愤怒的 90%的原因是由于你过去的经历，今天吵架的事件只占 10%。

夫妻之间的关系无非是两种：

一种是我安全、我信任，所以我平和、我接受、我理解、我包容。

另一种是，因为我不够安全、不够相信自己，所以我防御，因为我不愿意接受我不好。

如果是第一种，那么即使有一方做了不符合自己心理预期的事情，大部分的人也会选择理解和包容，而不去指责或抱怨。反之，如果一个人本身心理不安全，对方有了一点点看似不算错误的错误也会引起自己内在的那种不安全感，就会主动调出防御机制。

有人要问了，为什么总是避免不了吵架呢？

那是因为两人的关系不只是两人的关系，更是两个独立的人之间的交流。有关系就意味着有感情、有期待、有情绪，但也有不同的认知和态度。每个人都希望别人能理解自己，按照自己的想法行动，但是有谁又愿意委屈自己，按照别人的想法去行动呢？所以矛盾必不可少，吵架又是最直接的施压办法，如果情绪上能让对方妥协，就会省去很多解释。

比如一对夫妻，有一天丈夫回来晚了，妻子就对先生说："为什么经常这么晚回来？"

这句简单的话就可能引起两个人之间的战争。

为什么？因为在先生看来，他没有"经常"晚，一个礼拜七天里他顶多晚归一天。先生会埋怨："你为什么其他六天都不看呢？就专门看到晚归的这一天？"但是对太太来讲，先生晚归的行为真的引发了她痛苦的感受，妻子觉得丈夫回家晚给她这个痛的感觉是千真万确的。但先生觉得他为大多数时间准时回家所做的努力被漠视的感受也是很真实的。

所以，夫妻吵架并不是问题，能通过吵架发现彼此情绪背后真正的心理需求，才是关键。

二、巧吵怡情，打架伤身

俗话说，"两口子不记仇，叮叮当当到白头。"

两个人长期生活在一起，难免会有磕磕碰碰，夫妻吵架是很正常的。有时夫妻吵架是好事，爱情就是在一轮轮吵了又和、和了又吵的循环中升级的。

清官难断家务事，夫妻吵架无输赢之分，谁是谁非不可能明明白白。

过去三十年的心理临床实证资料表明，快乐的夫妻跟离婚的夫妻吵架次数平均起来差不多。不但吵架次数差不多，连吵的内容都是一样的：为金钱、子女教养方式、家务分配、双方的姻亲吵架，为双方的娱乐、朋友、性关系吵架。所以，夫妻间吵架是一件最正常不过的事情。只要把握一个吵架的度，小吵、巧妙吵架是有利于婚姻和谐的。有句话说："我们的婚姻过得像一潭死水，连架都不吵了。"

可见，真正连架都懒得吵的夫妻也未必很幸福。大家都以为吵架是关系不好的结果，但其实吵架是修复关系的开始而已。只是每一个想要吵架而改变平淡婚姻的人，一定要把握一些正确的原则：

首先，不要没事找事去吵架，但真正需要有不同见解和观点、需要坦言甚至可能上升到争吵的时候，也不要害怕吵架、不要逃避吵架。

（1）明确吵架目标。当然很多时候我们并不是很清楚自己吵架的目的是什么，可能只是因为情绪控制不住才吵架的。没关系，可以在每次吵架完之后总结一下，吵架达成一个什么结果你就能停下来，这就是吵架的目标。

（2）评估两人的关系，看你们的关系能承受的争吵强度在哪里，在安全范围内吵架，避免吵架引起毁灭性后果（离婚、家暴等）。记住，吵架的目的不是互相伤害，而是为了在婚姻里满足我们的某种依恋和需求。所以婚姻的稳定是吵架的前提条件，考虑离婚的吵架不在讨论范围内。

（3）评估自己的情绪点，在吵架之前做好防护。在吵架的时候，你一定有过这样的感觉，你哪儿痛他就往哪戳。你最烦她说“你妈”，结果每次吵架她都说。你对他冷漠的反应非常抓狂，结果每次他都用这种方法让你抓狂。所以在吵架之前要做好保护措施，把自己的痛点保护好，不要让痛点每次都成为他攻击你的靶子。

（4）不要期待一次吵架就能解决问题，更不要期待一次吵架就能把夫妻之间的所有问题解决。夫妻关系其实就是一种修炼，吵架恰恰是需要修炼的关键点，吵好了，夫妻关系更进一步，吵糟了，就重新来过。

夫妻如果能就事论事地进行争吵，是健康的方式。因为可以从彼此的发声中找到两个人共同的问题，切不可上升到人身攻击和侮辱性言辞，更不能争吵时捎上对方的祖宗八代，这样会发展成暴力事件：由言语暴力上升为肢体暴力，对于两性相处是极其有害的。

永远记住，小吵怡情，打架伤身。

三、夫妻双方要懂得策略性的妥协

既然想让吵架吵出感情，为了实现情绪宣泄，就要讲究一些吵架的技巧，在我看来，最大的技巧莫过于争吵中的夫妻懂得策略性妥协。

聪明的人在关键时刻会利用“台阶”策略性地退却，即使夫妻感情得到了升华，也保全了自己的“公主”或“男人”形象。有了这个“台阶”，主动的人才能显示出自己内心深处的爱，被动的人才可以从容的、策略性的退让，进而达到双方的和解。

在夫妻争吵中，策略性退却不仅能平息争端，掌握主动，还能让两人的婚姻在磨合过程中更亲密、融洽。所以，天下聪明的伴侣都是懂得给对方台阶下，自己也是个会策略性退让的高手。

如何不用“吵架”就能解决观念不同导致的冲突才是关键。

小夏的老公出差了，要走两天。当时正好是三伏天的中伏，人像肉串一样被炎热炙烤着。结果老公走的第二天家里空调就坏了，小夏就给丈夫打电话，问他：“空调坏了，我是直接打电话叫人来修还是等你回来看看？”

老公说：“我明天下午就回，你们今天先在另一个房间睡，我回来看看是怎么回事。”小夏说好。

老公回家后休整了一下，就搬了个梯子去弄空调了，捣鼓了几十分钟，满身是汗，空调依然没有任何反应。他越弄越烦躁，最后彻底放弃，从梯子上爬了下来。小夏问他怎么样，弄好了吗？

结果，小夏的老公皱着眉，劈头盖脸就对她说：“我在家天天用空调都没坏，怎么我刚走你就把空调搞坏了？”

小夏一听就火了，又委屈又生气，心想，这么说也太过分了吧，空调正好这个时间段坏了，只不过我碰上了，关我什么事？

小夏张了张嘴刚想反驳，突然看到老公满头的汗珠，马上意识到，如果这时候顶一句狠话，势必会换来丈夫更过激的话，不如换个说法。于是小夏没有攻击自己的丈夫，而是递了个毛巾给他并说：“我也不知道怎么搞的，空调跟你一起出差了，老公想着回来，空调却泡妞去了。”说到这儿小夏都忍不住乐了，丈夫抹了一把汗，也乐了，脸上本来有些因空调修不好而恼怒的表情也一点点舒展开来。本来就要爆发的一场争吵因为小夏一句智慧语化解掉了。丈夫也意识到自己刚才说话的模式不好，于是对小夏说：“对不起老婆，我刚才不应该指责你。”两个人一致决定，给空调厂家打电话。

试想一下，如果那一刻小夏不是马上控制自己的冲动，而是任由自己的自动化反应发生，会怎么样？当她爱人指责她时，小夏如果说：“你有毛病吧，这种事儿能怪我吗？你有本事不也没把空调修好吗？”丈夫被戳中了正想掩饰的部分，肯定会更生气：“我跟你说过多少次了，电器插头用完要拔掉，你就是不改，你要不这样，空调能坏吗？我出差累得半死，回来都没休息一下就修空调，你什么态度！”小夏看他翻旧账，更生气了：“又不是我要你修的，还不是你想逞能，是你自己说不用打电话的，自己爱逞能怪谁啊！”

对于所有吵架吵得天翻地覆的人，到最后你问他（她），你们当时是为什么事情开始吵起来的，其实绝大多数人都不记得最初是怎么吵起来的。

所以，面对这种类型的指责时，你要做就是洞察出对方这一刻想要的是什么，给出对方需要的理解、感激、支持等就行了。真正的夫妻是什么？是在针尖对麦芒的刹那间，心中涌起的一种对对方的心疼。这种心疼就是不把男人逼成野人，也不把女人逼成疯子。

如果每一对夫妻都能深谙吵架的真相其实是想要得到对方的一句爱语、一个理解的时候，那么所有夫妻就会无架可吵。

夫妻吵架中，谁先妥协，谁就更有智慧，谁更有爱。

千万不要以为你低头了就是输了，低头只不过是一个迂回地前进。潜移默化就赢了，输了几句嘴仗，但赢了感情。用一句哲思语来形容就是：“手把青秧插满田，低头便见水中天；六根清净方为道，退步原来是向前……”

四、夫妻吵架的不同类型

每对夫妻的相处模式不尽相同，但大部分人吵架不外乎下面几种类型。

（一）表达型吵架夫妻

这类夫妻处理愤怒情绪的方法就是“统统发泄出来”。也许外人看见他们时会觉得尴尬，因为他们根本不分时间、地点，甚至在公共场合也会发生大吵大闹。

丈夫和妻子坐公交车时由于对要去购物的商场没有达成一致，妻子有些生气，不顾丈夫的意愿，中途下了车。在车站两人开始争吵。

男：“你不是要去购物，为什么中途又变卦？”

女：“我又不是要去人民商场。”

男：“你不是说随便让我选地点的吗？”

女：“你选的不是我喜欢的，所以我不去了。”

男："你不可理喻。"

女："我有不去的权利。"

（二）挑衅型吵架夫妻

这类夫妻所面临的最大问题就是双方情绪上的不平衡。一方怒不可遏，而另一方却浑然不知。久而久之，夫妻之间的误解和裂痕就会无限制地扩大，这对一个人自尊的挑衅是非常危险的。在婚姻关系中，彼此缔结契约是对双方人格、财富、相貌等方方面面的认可。当一个人感觉到自己是被认可的，会让一个人充满自信和快乐。一旦吵过了头，说出了过分的话，就等于把对方的面子扔到地上踩，一般人都受不了。在婚姻中，如果都不肯尊重对方，那婚姻关系将会处在危险的边缘。

丈夫由于没有及时清理宠物狗的便便，只顾着玩手机没有及时按照妻子的指令去给狗狗洗澡。妻子声音提高，开始抱怨。

女："说你多少遍你才听呢？每次都这副样子！"

男：……

女："我说你呢，耳朵去牛群里了吗？"

男："过分了啊，我打完这一关就去。"

女："（走上去夺了手机摔在沙发上）我当初怎么就看上你了？好吃懒做，游戏瘾君子。"

男："（满脸怒火，也不甘示弱）你眼神不好呗。"

女："你还脑子进水呢。"

（三）象征型吵架夫妻

象征型夫妻会无意识地、象征性地表达自己的愤怒，但是不会直接地相互表达这种情绪。他们之间的愤怒情绪被伪装了起来，于是愤怒的表现形式也就改变了。不可接受的愤怒情绪在转变成某种病痛或不适之后，变得可以令人接受了。这就是象征型夫妻令人惊异的特点：隐藏起来的愤怒被用来损害自己。

也许夫妻双方都会把愤怒的情绪化为身体上的不适，但是通常的情况并不是这样。在大部分的夫妻中，一方"忙"于生病，另一方则"忙"于照顾，他们已经无暇顾及其他，特别是相互之间的怨气。于是，负责照料的一方虽然不会生气，但是却会觉得内疚（如果他没能够看护好他的病人的话）。而生病的一方会觉得受到了伤害（如果她没能得到适当照顾的话）。

（四）压抑型吵架夫妻

这种类型的夫妻通过压抑冲突来避免双方吵架。他们之间尽管风平浪静，但是却沮丧、沉闷而且疏远，缺乏深层次的、真心的交流。逃避型夫妻从表面看起来不像是在生气，为了不让自己感到沮丧，他们会借助某些“行为”来驱散他们心中不断积聚的愤怒情绪。酒精、毒品、赌博、食物甚至工作都可能成为他们排遣怒气的方式。

假设一个场景：老公以前挺开朗的，在家里爱说爱笑，但这段时间回来以后沉默寡言，显得不高兴、不耐烦。看到这样的情况，有的妻子可能会觉得老公是不是外面有人了，是不是对自己变心了？然后就开始指责抱怨，瞬间就把这个事情朝负面的方向推了。你不去了解真相，上来就宣判对方“有罪”，当你宣判爱人“有罪”的时候，其实你也没有好到哪里去。

其实，真相也许是最近这几个月的经济环境不好，你老公的公司步履维艰，随时可能倒闭。一个男人在外面承受着巨大的工作压力，非常不容易，男人的自尊让他没有办法在你面前流泪，无法在你面前示弱。

作为妻子，你应该先善意地询问一下：“老公，这两天我感觉你回来不太说话，我很心疼你，是不是很累、压力很大？要不然我给你倒杯水，我们聊聊天，或者你先自己待一待，我去给你做好吃的。等吃完饭以后，我可以陪你到楼下散散步……”这才叫家，这才叫夫妻之间爱的表达。

健康的沟通是夫妻双方的自我敞开和呈现，只是为了让彼此更加了解和靠近。夫妻用爱沟通的关键词：尊重个别差异，掌握对方需求，懂得互相激励，始终参与互动。

夫妻之间，宁要心平气和地阐述各自在某个问题上的不同立场，也远胜于硝烟弥漫或满腹怨气地达成所谓一致。日常生活中，相互表示感激和欣赏，甚至是为了解决问题的争吵也是夫妻双方必要的沟通方式之一，起码比冷漠无语强很多。

其实，世界上所有的沟通技巧都不如真心实意念着对方的好。

第三节　婚姻升华，爱在“成全”上

一、懂得另一半的需求，并且去满足

我们经常看到在婚姻中两个人处于敌对共生的状态，出现很“拧巴”的状态，好像说些任性刺激、让对方不舒服的话我们就会感觉很爽。其实在我们说出这些话的同时，家庭的正能量场就一点点被侵蚀掉了。夫妻之间闹矛盾，很大程度是双方都不明白对方的需求造成的。所以，有必要在这里重新提提男人和女人究竟有哪些不同的心理需求。

我们先了解一下男人。

（一）男人的需求是什么

1.男人渴望被尊重、被认可的感觉

男人的潜意识中希望女人佩服他、认可他。这样男人内心的某些渴望就会适度膨胀，而人在适度膨胀中自信就找到了。那个膨胀的中心就是男人的需要。

如果女人在公众场合事事都比老公强，会激发老公潜意识中的自卑情结，老公就会很难受。女人越强，男人越难受，即使嘴上不说，心里的难受也是不言而喻的。

会抬老公的女人是智慧的好女人。所谓“花花轿子人抬人”，你一给老公面子，尤其是在公众场合，你再仔细看老公的表情，立刻就会感觉不一样。无论他嘴上说什么，心里一定是很美的，他回家对你的态度一定会有所不同。

好男人都是好女人抬出来的，因为好女人是好男人的一所大学。

2.男人渴望被温柔对待

一条奔流的小河的河水无论如何也跨越不了高山，水变成冰，越硬越过不去，后来变成了水蒸气，却顺利地跨越了高山。

水可以化为各种物质形态，可硬可软也可变成水蒸气化于无形中。所以一个女人真正成为水的时候她才能融化男人。

男人喜欢温柔的女人，外表无论如何掩饰，内心都会向往。从大量男性的调查报告中你就不难发现，男人潜意识中都喜欢温柔的女性。

3.男人渴望另一半无条件地支持理解他

一个女人最大的智慧就是能够挑战自己的底线，无条件地支持理解另一半。

有一个女人声泪俱下地控诉老公，她关心他所以不让他抽烟，他却不听，无论她怎么说都不听。她很生气，认为他已经不爱她了。实际上，爱你和抽烟对男人来说完全是两码事。你非要过度解读，只能自己承担自己制造出来的负面情绪的恶果了。

男人晚回家，有的女人会没完没了地嘲讽和唠叨，或者直接攻击伤害。智慧的女人会不去盘问和指责，默默倒一杯热水，说一句暖心的话，男人立刻就“石化”了。智慧的女人能够让男人自我反省！

熟谙一个人，就像中医找穴位一样。知道了男人的三大需求，投之以好，弃之以嫌，男人就是好男人。

（二）女人的需求是什么

1.女人的核心需求是安全感

经济上、生活中、爱情与婚姻中，女人都需要内心的安全感。比如：你不能经常陪伴她时，她就会产生一种不安全感。因为你释放出来的信息经由女人内在翻译系统演绎之后，男人的行为就变成了是不是不爱她了、是不是觉得她不如以前好了。女人会立刻产生恐惧感，所以就会本能地要去抓住你，而抓住你的最好方式就成了唠叨。因为她内心有恐惧需要排解和释放，唠叨成了解压的手段和工具。而男人没有看到这一切的真相，就从女人表面演绎的行为中错误地产生了负面的情绪，认为女人很烦人、不理解自己。于是双方就产生了争执和矛盾。

真正有智慧的男人不会冲着老婆大喊大叫，而是会宠着老婆、疼着老婆、“惯”着老婆。最可悲的男人是和老婆争“宠”，互相索取内心的安全感，最后演变成互相不谦让，使矛盾冲突到分离。

2.女人通过说话获得你的认可

夫妻之间的争吵是因为大事吵架还是小事吵架呢？一般都是小事。真正大事临头了反而会一致对外。所以导致两个人关系紧张的问题主要都是小事导致的，而解决小事最好的智慧就是不较真。

两口子吵架，就一个原因，简称“闲的”。忙的时候不吵，闲下来反正也没事，闲着也是闲着，吵吵更精神。夫妻两个人吵吵架，就当练习和训练心理素质了。

女人经常喜欢说什么话？闲言碎语。很简单的测试，你让女人再说一遍她刚才说的，她自己都记不起来。男人如果不等女人说完就撤退，女人立刻会说老公你不听我说话了，是不是不想和我说话了？所以男人对待女人的智慧是“也听也不听”。你只需要知道，女人通过说是为了得到你的认可，让你看到她存在。

3.女人渴望被宠、被哄的感觉

女人是感觉型动物。当你发现女人故意发火、故意撒娇的时候，她是不是真的生气？不是！她就是渴望你可以注意她。就像我们生病时渴望别人来关心我们一样。

所以，卡耐基说：“全世界的人通常都只有七岁左右，因为每个成人的内心都有一个没有长大的小孩。”

跟女人相处的最大智慧是，尊重女人内心的小孩，喜欢她并和她一起玩那些小玩具、小情调、小情趣。和她内心的小孩再恋爱一次吧！

为了幸福的家，男人一定要好好把握女人的心理需求，努力把自己的女人宠成孩子，共同抚养孩子。只有彼此懂得对方的需求，并且去积极满足对方，爱才会升华。

二、夫妻之间要培养共同爱好

有读者给我留言，她说婚后的日子感觉特别无聊，她跟丈夫结婚不到三年就感觉日子越过越没趣。两个人每天在一起会经常莫名地感到孤独，甚至心里憋得慌，无处发泄无话可说。她说丈夫喜欢的东西自己不喜欢，自己爱好的事物丈夫又觉得无趣，日子越过感觉生活越没有激情。

很多人说，随着婚姻的不断推进，自己和爱人之间的沟通越来越难进行，没有共同语言成了两人之间看不见的隐患。为什么夫妻之间很难拥有共同语言？归根结底是两个人没有共同爱好。

著名的社会科学家米特针对近500名幸福夫妻调查研究，最后得出结论：共享每一件东西，包括某一种信仰，可以使人与人之间的关系更加密切。分享爱人嗜好和偏好，这是获得美满幸福婚姻的重要因素。

W小姐与老公都是金融行业工作者，工作上有高度的契合，在生活中却因为没有共同兴趣爱好而苦恼。老公工作压力大，每天晚上下班后如若不需要应酬，他都会选择在家打游戏到深夜，释放压力。W小姐就自己上网，困了就睡觉，整个晚上几乎不交流，偌大的家安静得出奇，电视几乎只有在有客人来访时才打开，他们仿佛各自生活在不同的空间，没有交集。

小Y与老公经相亲认识，双方都是机关单位工作者，外形搭配，家庭条件相当，各方面条件都很合适，但他们的朋友圈完全没有交集。他喜欢的游戏她不欣赏，她追的电视剧他不会看，他喜欢游泳她怕水，她喜欢网球他不会。每天两人就是各自上班，回家又是各自生活，仿佛有没有对方都是一样的，自己一个人也可以过得很好。

但好在W小姐和老公周末会一起做饭，而小Y与老公周末会在家一起看电影，起码还有共同爱好的事情可以带来乐趣。生活很需要这样的调味品。

的确是这样，如果整天工作而没有任何娱乐活动，会使婚姻变得索然无味。如果夫妻两人经常把谈话的焦点放在孩子或工作上，慢慢地就会发现你们之间可谈的东西越来越少。这时，你们不妨抽出时间来培养一些共同的兴趣，并一起参与其中，不仅能为索然无味的婚姻增添乐趣，也能使夫妻之间的共同语言与日俱增，夫妻间的感情自然会越来越深。

方运从小就对国际象棋感兴趣，结婚之后他仍然保持着单身时代的习惯。每当休闲的时候，他从来不会在家里陪妻子，而是找朋友们下几盘国际象棋。

然而这对于刚步入婚姻生活的妻子来说是多么难过。自己的“情敌”竟然是小小的象棋，这让她感到很苦恼、很沮丧。婚姻刚开始的那段日子她过得很不愉快，她非常希望丈夫能够时常留在家中陪伴自己，可是怎样才能“拴住”丈夫、战胜“情敌”呢？她没有像许多妻子那样唠叨、哭泣，更没有吵闹或是耍耍回娘家之类的威风。

方运的妻子很聪明，她在家里为丈夫准备了棋子棋盘，并把棋桌布置得很雅致，让丈夫经常邀请一些朋友来家里下棋，这样一来，丈夫自然不会整天跑到外面去了。

有一天，方运在和电脑下象棋，妻子在擦地板。擦到他那儿时妻子让他移一下位置，方运一脸紧张地说：“别动，我马上就要赢了！”

妻子知道方运跟电脑下棋从来没有赢过，这次快赢了，她也很来劲儿，立马放下拖把凑过去看。在经过艰难的一番厮杀后，方运果真赢了，那一刻，他高兴地把妻子抱了起来，并吻了她。接着，方运一边兴奋地和妻子讨论象棋一边帮她拖地板，还提议晚上出去吃饭。

那天晚上，坐在点着蜡烛的餐桌前，妻子忽然想到如果下午自己硬是让丈夫移动位置而导致他输棋的话，也许就不会有现在这样浪漫的夜晚了。

妻子想，与其和“情敌”怄气，不如接近它，说不定会有意外的收获呢！从那以后，妻子便经常请丈夫教自己下象棋。一开始，她连象棋为何物都不明白，一窍不通，可通过与丈夫共同切磋，居然也成了一个高明的棋手。平常闲来无事的时候，夫妻俩就过上几招，真是其乐融融，兴趣盎然。

很多妻子往往认为，男女双方都有着各自的事业，为什么非得强迫自己去适应对方的一些爱好呢？而这个借口正是夫妻关系淡漠的“罪魁祸首”。男人感觉不到妻子的温柔和甜蜜时会产生孤独感，甚至会想远离这个各自为政的家。很多丈夫也因为忙于自己的小圈子很少顾及妻子的兴趣和爱好，所以也会让妻子觉得备受冷落。

所以，夫妻之间要培养共同的兴趣爱好。那样，流年再平淡也能在共同的兴趣中找到闪光点，保持婚姻的温度。

三、聪明女人必学的“驭夫术”

我们有没有听到女性抱怨：“为什么别人总是能找到好男人呢？某某长相一般，为什么就能碰到那么好的男人呢？”言下之意，自己各方面条件都不错，为何却错嫁人？没错，现实中总会有一类看似普普通通的女人能嫁一个好男人，而看似要颜值有颜值、要能力有能力的女孩愣是折在渣男身上呢？

在我看来，之所以有的女性能找到好男人，有的却找不到好男人，根本原因还是看女人会不会“教夫有方”。

说到驭夫高手，不得不提我的一个女性朋友，她是个高情商的女子。无论是家庭还是事业她都经营得有声有色。很多人向她取经，请教如何驯夫。她总是笑呵呵说，就是放养啦。

对于自家男人，跟教育孩子有相似之处：不管有时候是最好的管束。

网上曾看过一段很经典的话：女人，只要管好自己，已经很了不起了！干吗要去管男人呢？听话的男人不用管，不听话的男人管也管不住。对你好的男人不会让你管，爱你的男人不用管，不爱你的男人轮不到你管。

女人在感情上最大的痛苦就是对男人期望值太高，她希望男人一辈子只爱她一个人，从一而终，她希望她所爱的男人要忠诚、善良、优秀、顾家、有能力。也许这些字眼女人本身就很欠缺，而她却强制男人身上要有这些优点，这完全是强人所难。

还有一些自认为有高明手段的女人总想把男人改造成功，殊不知，男人就像弹簧，你压得越狠，他弹得越高。你给他画出一个框框想让他按照自己的意愿去完成、去适应那个框框的时候，他就会本能地生出反抗和抵触，不但不会朝着你的目标去完成，反而会旁逸斜出。

在竞争激烈的今天，男人们像一匹匹上了套的马，不管他愿不愿意、不管他是不是千里马，都得撒开蹄子朝前跑。很多女人一味抱怨男人不够体贴、不够浪漫、没有出息，却忽略了丈夫的需要，忽视了丈夫的价值和追求。她们只把丈夫当成顶天柱，没有设身处地地为他着想，去了解他的需要、他的苦恼、他的一切。

对于女人来说，不管她打着什么旗号去改造自己的男人，出发点都是源于爱，爱这个男人、爱他们这个家，但带给男人的直观感受就是负担和约束。他们本能的反应也只能是逃避。

其实，男人也好，女人也罢，都忌讳一厢情愿地去改变对方。每个人都是一个独立的个体，都有自己长期养成的习惯和喜好，哪怕是最亲近的人都无权干涉和改变。

我认为，真正聪明的女人使用的“驭夫术”是靠自身的魅力去影响男人。

当一个女人能把家收拾得干净整洁的时候，男人习惯了干净的环境，等到某一天自己再随手扔脏袜子臭鞋子的时候就会心有愧感，慢慢收敛。当一个女人不管男人做的菜有多难以下咽，却装作很好吃的样子鼓励他时，说不定他就真的会慢慢变成行政总厨。当一个女人不管男人是否不求上进，自己默默努力提高的时候，男人就会有危机感。他会努力去变得上进，以求够得着和女人齐平的地位，因为男人骨子里都怕被自家的“女强人”比下去。当一个男人挣的钱少的时候，女人做不到补贴家用没关系，能做到暂时忍住不去指责、埋怨，而是选择沉默的话，男人会自己抽自己，会自己给自己压力。动力从内部产生才更有效。

记住，影响一个男人比改造他或指责他更有效，这是最好的“驭夫术”。

四、智慧男人要懂得“宠妻招”

在我们的两性婚姻课上，有时候也有男士问我：“老师，您作为婚姻情感导师，能不能说说如何对待女人，她们才会满意？我家太太总是挑剔我不浪漫，不幽默，不懂她的心。”

每当听到这样的话，我就回复一个字：“宠。”男人一定要用力宠老婆。肯宠老婆的男人，必定是智商和情商双高之人。因为宠老婆是一件稳赚不赔的差事，而且时间越久，收益越大！

女人一般多愁善感、柔弱爱哭、敏感多疑、爱无理取闹、没事喜欢胡思乱想，喜欢耍耍小孩子脾气，每月总有那么几天闹情绪、使性子。她们也就这些小任性了，除此之外还有什么呢？

如果每个男人都能想到这些，就可以包容老婆了。

发明了晶体管并获得了诺贝尔物理学奖的美国物理学家约翰•巴丁，是个全世界都为他鼓掌的人，可能人们会说，这样的人得多厉害啊，在家里还不像个皇帝一样被伺候？

事实恰恰相反，熟悉他的人都知道，他是一个把老婆看得比什么都重的人。尽管发明了足以改变世界的晶体管，但是这些事业上的成就和老婆比还是差远了。有一天，他回家有点晚，悄悄地走进厨房对他老婆说："亲爱的对不起，今天我发明了一样东西，所以回来得有点晚。"然后迅速从老婆手里接过了平底锅，开始做起菜来……

在朋友眼里他是一个"妻管严"，几十年如一日，全家的饭菜都是他一个人做，以至于获得诺贝尔奖的当天他依然在做饭……1956年11月1日清晨，约翰正在家里给老婆摊鸡蛋，突然，他的女儿冲进厨房说他得了诺贝尔奖。他一兴奋，鸡蛋连带平底锅都掉到了地上。

得知约翰获奖后，他的很多朋友都前来祝贺。那天，大约有60名物理学家带着伴侣、拿着手电筒当火炬，空降到约翰的房间高唱各种歌曲来祝贺约翰，然而他立刻制止了他们说："不要吵到我老婆！"

他的"妻管严"远近闻名，在他获得诺贝尔奖的第二天，当地的一家报纸在头版上写道："本地一女子的丈夫获得诺贝尔奖。"他不但发明了晶体管，一年后，也就是1957年，他解决了难倒无数大师的难题，完整解释了超导现象，并因此获得了1972年的诺贝尔奖，他也成为历史上唯一一位两次获得诺贝尔物理学奖的人，然而他依旧每天给妻子做菜。

约翰的故事算是给我们男同胞们脑补了一下如何宠妻吧？人家都这么有名望和本事了，依然没忘记宠爱妻子，我们普通的男人有什么放不下的呢？

在一个聚会上，甲和乙都带着自己的老婆出席。当大家坐着闲聊的时候，甲对乙说："你老婆很漂亮！"乙眯着眼睛看了看正在抿唇一笑的老婆，笑了笑说："是的。"甲又说道："你们刚结婚没多久吧？"乙说："不久，十年而已。"甲惊讶地说道："怎么可能！你们看上去像新婚！我和我老婆也十年了，你看！她的样子完全变了，黄脸婆一个。我怎么看她都不太顺眼，出门都不想带，我要是有你这样的老婆就好了！不过，你老婆看上去十指不沾阳春水的样子，应该不会做家务。这点比起来，我们家老婆子还是有优势的，起码，她把我们爷儿俩照顾得蛮好的。"乙又笑了："你又错了，我老婆是漂亮，看上去什么都不会，但她什么家务活都会做，还做得很好。我们的女儿和她一样漂亮。"

甲的脸色开始变了，他愠怒地想着：同样都是女人，怎么区别那么大？

乙不紧不慢地说：“我能记得清她爱吃什么，她喜欢做什么，甚至她想说什么我都能猜到。我从不吝啬对她好，鞋带松了我能在大街上蹲下去帮她系好，累了我会帮她按按脚，下班回家在路上带点她爱吃的橘子，早上起床我会吻她额头，下雨天我能从另一个地方赶过来接正在买菜的她。她怕花钱，不肯买好的衣服，我知道她的尺码，直接买回家，化妆品也是我帮她买的。你可以吗？你为你老婆做过什么？”

甲脸红了，因为他想到自己在家都是对妻子吆五喝六，稍有不顺心就给她摆脸色，就在昨天，他还因为她去超市买了一件三百多块钱的毛衣而吵架。

乙又说：“自己的老婆自己不疼，不付出点什么，女人一旦失去了恋爱中的那份宠爱，就会像花儿失去了水分，珍珠失去了光泽。她要照顾这个家，无暇打扮自己，无暇对你如当初一样，你为什么不帮帮她？看看你老婆，刚刚她从我身边过，我甚至闻到了她头发上的油烟味。我们刚来之前，我老婆在为我们炖牛肉汤，你闻得到吗？因为她洗了澡，换了衣服，甚至喷了一点香水。她是在为我挣面子，不想我在朋友面前抬不起头来。”

话说到这里，乙起身走向旁边一脸疲惫的老婆，轻言说了句：“累了吧？我们回家。”

有人说：妻子背后的丈夫决定她的长相。

一个本来温顺的女人越来越泼辣，一定是她的男人不争气，逼得她不得不出头。一个本来清高的女人越来越恶俗，一定是她的男人档次不高，她“近墨者黑”。相反，一个本来很一般的女人，相貌越来越可爱、眼睛越来越灵光、说话越来越文雅，举手投足越来越有风度——不用说，她背后有一个好男人。

所以，智慧的男人一定得学会宠爱妻子，她的风光无限就是你的脸面。

平等、尊重、陪伴、支持、不离不弃，是夫妻之间最珍贵的礼物。

性格爱好不同、专业特长不同，恰恰是夫妻相处的基础和财富。

异性相吸、互补互动、人格平等、合理分工，才能收获丰富的生命体验，携手创造家庭幸福。

夫妻恩爱图的就是相敬如宾，互相支持，举案齐眉，比翼齐飞。走到一起以后，在平凡的生活中，男人女人都需要学习，都需要做些改变。

男人也不能说我老爷们儿，我一家之主，我要怎样就必须怎样，女人也不能说我年轻、我漂亮、我嫁进来一定要享受、要说了算。我们牵手走进婚姻是因为爱走到一起，一定要多看对方的好，多成全对方。事实上，夫妻之间不是非要争个谁高谁低，而是可以像跳舞一样，你进半步我退半步才和谐，不要剑拔弩张导致双方没有余地。

女人有时候可以强，有时候要给足男人面子，夫妻彼此都要懂得尊重与包容，懂得迂回配合，在生活中找到适合的互动节奏。懂得示弱并不会让我们失去力量，反而会帮助我们收获一份信任和真心的关怀。

婚姻中不需要“一把手”，双方关系的正确定位应该是协作共赢。

爱人之间其实就是一个学习小组，是搭档合伙、携手成长、互相陪伴、互相支持的。通过两个人的共处、接纳、改变、融入，夫妻关系可以进入新的更好的状态。

记住，爱的旅程一定是让心回家的旅程，婚姻关系中彼此尊重、彼此支持才是王道。

第四节　八大原则，让婚姻幸福美满

婚姻家庭问题专家曾说，婚姻是一个不断呵护、建设、更新的过程。好的婚姻是有一定规则的。如果能够遵守婚姻规则办事，就能够使婚姻保持生机和爱意；如果不能遵守婚姻规则，即使基础再好的婚姻，也有可能被摧毁。

规则一：自愿选择伴侣。找到真爱的秘诀取决于自己，是要出于内心的爱的结合，而不是迫于家庭的压力、缓解孤独感、经济生活的需要、社会固有生活方式的从众行为。

规则二：缔结婚姻不能一蹴而就，建设婚姻也要持续一生。由爱情到婚姻要经历“触电”、探索、评价、建立亲密关系、相互承诺等阶段，是一个需要付出耐心、资源和技能的过程。

规则三：夫妻双方要共同成长。夫妻相互为对方带来新的知识，彼此帮助对方发掘潜力，超越自己，在更成熟的心态下与人相处。夫妻间要有分享、耐心、感激、接纳和原谅意识。

规则四：要爱自己和不断完善自己。你自身可爱的地方正是吸引配偶的地方，相信自己的价值，尊重自己的愿望和要求，做一个完整的人，而不是谁的一半。要通过不断完善自己获得外在美和内在美的统一，才能保持恒久的吸引力。

规则五：学会沟通和谈判。没有良好的沟通，夫妻相处就像一艘空船载满困惑、臆测和误解的灰心之旅。没有什么比貌合神离更让人感到疼痛了。沟通使对方了解你有什么需要、愿望、变化和感受，这是夫妻相处融洽、关系亲密的重要方式。

规则六：精心呵护情感才能百年好合。珍惜你所爱的人，珍爱你的枕边人。当发生争吵时，一个主动真诚的道歉，虚心的自我批评，握手言和的表示，都可以软化双方气愤的情绪，甚至因为得到沟通，宣泄了负面情绪而加深彼此的理解。

规则七：不断更新才能天长地久。永远的幸福就是能够保持新鲜活泼的感情关系。要不断更新你的情感关系，保持新鲜和活力。如果有一部分失去了，你要再造它；如果破坏了，你要修复它。必须经常给你的婚姻注入新鲜活力，婚姻才能长盛不衰。

规则八：当婚姻面临挑战时，共同面对生活。夫妻双方应该是互动、和谐、互助的。当一个人脆弱的时候，另外一个人应该帮助他（她）坚强起来，渡过难关。要建立一个生活机制，让伴侣分享你成功和苦难的体验。

规则是幸福婚姻所必需的，恪守规则能让你少走弯路。在美满的婚姻中，陪伴是最重要的两个字。当你生病难受、情绪脆弱的时候，另一半的关心是最需要的。如果在你需要他的时候，对方总是不能及时回应，你会感到孤独，或者对方只会讲道理，这样的婚姻会让你觉得一直是一个人在战斗。

有些人认为，当另一半需要你时，他们并不一定要你为他们做某些事情，他们只需要你陪伴他们，这时候你的态度比做任何事情都重要。对于婚姻中的女性来说，如何才能活出自己的幸福呢？

很多人会向我咨询：“老师，我怎样做才会拥有一段幸福的婚姻呢？”才子认为，幸福婚姻除了那些各种各样的经营方式和解决问题的能力之外，还有很重要的一点就是心态，很多人在婚姻中感觉不到幸福就是因为自己的心态崩了。

夫妻要想生活美满幸福，保持恰当的距离是很有必要的，也是明智之举。举个例子，丈夫告诉妻子要出差几天，大多数的妻子遇到这种情况可能会觉得舒服了、解脱了，甚至都想好明天跟闺蜜去哪里逛街了，她终于有时间去做之前没做的事情了。但如果丈夫告诉妻子他要出差几个月，这种情况下，大多数妻子应该会在一个星期左右的时候，就会感到不适应了，甚至还会打电话给丈夫，问他出差到底什么时候回来。

通过这样的现象我们能看出来，幸福婚姻必备的两个条件：一是自由，二是依恋。

一开始，之所以会对丈夫出差感觉到舒服，是因为你觉得束缚太多、缺乏自由。而之后时间长了丈夫还没回来，你又会觉得缺乏可依恋的对象了。根据才子七年来的咨询经验来看，很多女性感受不到婚姻幸福的原因，就是被婚姻束缚住了。

“我结婚了就不能在外面吃饭”“我结婚了就必须回家跟孩子一块吃”等等，这一系列的东西会把你束缚在了婚姻里。

对于那些婚姻不幸福的女性来说，她们都有一个明显的特质，就是每天的生活很简单，一直在围着家转，围着婚姻转，围着丈夫、孩子转，每天可能就只是两点一线。在婚前的她可能是一个温婉动人的女子，但是在婚后她就变成了那个黄脸婆。这就是让女性不幸福的点。

要怎么去打破这种束缚呢？那就是，要学会松弛有度、收放自如地处理两个人之间的关系，这样，才会让婚姻的体验感达到最佳，让两个人更加相爱着彼此，才能真正携手走过这一生。